U0106384

做自己的情緒管理師

增訂版

20個負面情緒管理法

香港心理學會　輔導心理學部　著

萬里機構

推薦序（一）

香港人的生活節奏與許多地方相比是異常的急速。很少人能夠悠閒地吃過早餐才開始一天的工作，更少人是可以準時下班，大家都彷彿想在一天二十四小時做到四十八小時的事情，因此睡眠也成為奢侈的享受。長時間的工作和學習，兼且缺乏足夠的休息及睡眠，令香港人的精神健康如履薄冰，任何額外的壓力都會令我們墮入負面情緒的深淵，引發不堪設想的精神、心理、情緒和人際關係等問題。

當然，負面情緒的積累不是一朝一夕的，壓力的身心病徵也不會突如其來的襲擊我們，當中是有一定的歷程。只要我們能夠理解這個歷程，便能夠做好預防工作和替自己在困境中找到出路。這本由現役輔導心理學家編寫的書清晰無誤地把這個歷程鋪排出來，讓讀者不但能夠自我診斷，做好預防和自療工作，也可以給予身邊人一些恰當的指引及幫助。

此書的精粹是引導讀者明白「情緒」是身心健康的指南針，甚至是明燈。當我們習慣性地接觸自己的情緒，不僅能夠命名之，更可以深入體會自己的身心反應，便有能力準確地洞悉壓力來源，不會不知不覺間墮入負面情緒的深淵，更不會愈墮愈深。

編寫此書的一群輔導心理學家都非常熱衷於他們的工作。雖然他們參考了很多的研究報告、相關書籍及文獻，然而他們呈現給讀者的是工作經驗中的體悟，好讓大家不會陷入「理論一大套，實際做不到」的困局，而能夠學到基於理論提煉的知識及技巧，令我們可以現學現用，改善自己和身邊人的心理質素，享受身心健康的生活。

這是關心自己和身邊人心理健康的必讀本。

孫天倫教授
香港樹仁大學首席副校長

推薦序（二）

我向大家隆重推薦《做自己的情緒管理師：20 個負面情緒管理法》這本書，因為它會讓你的人生活得更加豐滿，更加平和。

壓力，是我們每天都面臨的挑戰，到頭來都是一場讓我歡喜讓我憂的歷程。

很多朋友問我：甚麼是減低壓力的最有效辦法。我都會反問他們：「當你不開心時，你最喜歡做甚麼？」朋友們聽到了以後都會若有所思，若有所穫。

眼下，網上書間都介紹了很多減壓方法，但未必每一個都有效。其實想有效「減壓」，最重要的就是要了解自己，找一個適合自己的辦法。希望你能在此書中找到最適合自己的減壓方法。

人生就是學會笑傲江湖，尋找生命的積極意義。那麼我們如何保持積極的態度？我們如何超越自己？我們如何能過更好的工作生活？更重要的

是，我們究竟要如何追尋意義？本書內有一些非常實用的建議和生活小貼士，可以幫助讀者實際操作對壓力的管理。本書還分享了各種臨床經驗和專業知識，與香港人分享這「抗逆情」。當負面情緒來襲的時候，人們利用這「自療手冊」來覺察、分辨自我的情緒狀態，並加以有效地調整。可貴的是，本書每個章節都會集中討論一種「情緒類別」，可促使你細細品味其中的感覺，並加以自我檢測。

其實，2009 年香港心理學會輔導心理學部已醞釀出版一本面向社會大眾的心理學書籍，以增進人們對心理學的喜愛。我們的書名都起好了，叫做《戰勝壓力有高招──輔導心理學能幫到你什麼》。但出於各種原因，這本書未能出版。對於這份未竟的夢想，我們一直期待着，直到今天《做自己的情緒管理師：20 個負面情緒管理法》的出版，我們終於心想事成了！

希望這本書能讓你更加抗逆，更加樂觀，更加善於化解人生的煩惱。

希望你能像我一樣期盼這本書，喜歡這本書。

是為序。

岳曉東博士

香港心理學會院士

香港心理學會輔導心理學部創會主席（2006-2009）

推薦序（三）

親愛的讀者，當我第一次閱讀《做自己的情緒管理師：20 個負面情緒管理法》時，我對這本書的內容深感震撼。它不僅提供了實用的情緒管理策略，還揭示了我們每個人在情緒世界中所面臨的共同挑戰。我相信，這是一本能夠引導我們走向內在平靜和自我成長的珍貴指南。

隨着時間的推移，這本書的銷量取得一定成功，並得到再次修訂的機會。從初版的問世起，它就在無數讀者中引起了廣泛的共鳴和讚譽。這是一項了不起的成就，也是對一眾作者深入研究情緒管理領域和無私分享輔導心理學知識的肯定。

這本書的成功之處在於它不僅闡明了情緒管理的重要性，而且提供了一系列實用技巧和策略，幫助我們更好地應對日常生活中的情緒挑戰。無論是處理壓力、管理焦慮，還是建立積極的情緒習慣，本書都為我們提供了實際可行的解決方案。它還強調了情緒鍛煉的重要性，並提供了一系列的練習和工具，幫助我們培養情緒智慧和內在的和諧。

隨着修訂版本的出版，作者們特意為每種情緒新增了有關家庭、學校和職場層面的應用例子，以反映當今快速變化的世界和情緒管理領域的新發現。這一次的增修本將為讀者提供更多的洞察力和具體的應用指導，以應對現代生活中不斷增加的情緒壓力和挑戰。

最後，我想向所有讀者表達衷心的感謝。沒有你們的支持和信任，這本書不可能取得如此巨大的成功。我希望你們在閱讀此書的過程中獲得了寶貴的啟示和啟發，並能夠將這些智慧應用於自己的生活中。

讓我們一起走向情緒的自由和內在的平靜，成為自己情緒的主人。

祝願這本書的修訂本能為你們帶來更深層次的成長和幸福。

衷心感謝！

鍾艷紅

香港心理學會輔導心理學部主席（2022-2024）

推薦序（四）

過去數年香港可謂幾經風雨，面對不同的困難和挑戰，對市民的身心健康造成影響。在這個時候本港一群輔導心理學家編寫專書，分享情緒管理方法，向普羅大眾推廣，別具意義。

在心理學方面，有關情緒的研究已經有很大的發展，值得在社會進一步推廣應用。根據美國心理學會《心理學詞典》，情緒是「複雜的反應模式，涉及體驗、行為和生理因素；個人藉此應付對他有顯著影響的事件」。情緒可帶來愉悅或不快的感覺，根據主觀感覺劃分為正面及負面。其實，無論正面或負面情緒，本能上都是要幫助人適應環境，提高生存機會。例如驚恐是對外在危險的警號，引致行動反應，有助脫險。此外，如果你能夠了解及識別自己及他人的情緒，進而把它妥善管理，就具備情商能力，可以促進個人成長和人際關係。至於負面情緒如焦慮、緊張、憤怒、悲傷及恐懼等，引致不快的主觀感覺，以及身體的不適，如果持續下去，甚至造成對身心的傷害，亦影響日常的工作和生活。如長期處於逆境之中，尤其要管理好負面情緒。情緒管理是一個複雜而重要的課

題。我很欣賞作者們基於心理學理論和實證，適時及有效地整理管理方法以供參考，切合社會需要。

在香港，促進精神健康需要跨專業共同合作。既要補救，亦要預防。有別於其他助人專業多專注於病狀方面的治療，輔導心理學家利用輔導心理學理論為社會上大部分人士分析及解決在各人生階段所遇到的個人及生涯困擾，配合心理評估分析個人潛能和強項，並提供全人及預防性的心理治療及輔導服務。在專業分工方面，輔導心理學家可顧及較多預防性及發展性的服務；本書幫助讀者做自己情緒的管理師，學習有關知識及方法，深入淺出，饒有趣味，在教育及防預方面作出貢獻。

我在此衷心祝賀香港心理學會輔導心理學部作者們出版本書，有助推動心理知識的普及化。

張偉良博士

香港樹仁大學輔導心理學博士課程總監
輔導及心理學系副教授

憤怒家族的成員

困惑家族的成員

前言（增訂版）

致香港人的抗逆「情」書

正在閱讀這書的你，當下有甚麼感覺？興奮？擔憂？傷心？憤怒？還是有點期待、好奇，這書會給你帶來甚麼啟發？老實說，也許大部分讀者會說：「嗯，沒甚麼感覺。」在心理輔導的過程中，我們不建議常問：「為甚麼你有此感覺／沒有感覺？」，反而會問：「這陣子以來，你經歷了甚麼？」

有時候，感受的確很難用三言兩語說清，娓娓道來的經歷，才是瑰寶。

兒時讀本常出現一句「香港地少人多」，總帶點生活迫人之感。的確，在香港生活少有心靈喘息的空間；生活、工作、人際上的壓力四面而來，負面情緒無處宣洩。而處身於後疫症年代，對不同階層、年齡、背景的人來說也飽經歷練，身心健康均受影響。於 2020 年新冠疫情初爆發時，不少學者指出，全球正經歷前所未有的公共衞生危機，社區中也好像有一種「精神健康的疫症」(Minn & Hau，2020) 正在蔓延……

說到疫症，香港人對「抗疫」絕對不感陌生。從 2003 年沙士、2020 年由 Epidemic（疫症）到 Pandemic（全球大流行），香港人連續幾年持續繃緊的抗疫情緒，一直也未能鬆懈、不敢放棄！香港人的抗疫之路可算是國際間獨特的例子 (Lau, Chan & Ng，2020)。

讓我們回顧一下近年來的情況：自 2019 年中以來，香港經歷了一系列大時代社會變更，社會分歧、人際衝突、個人生活型態皆受到不少挑戰。接著數年全球蔓延的疫情更令情況雪上加霜。四年多的「抗逆」之旅，我們經歷了些甚麼？社會上或許出了不少分歧爭拗，令人的心房多多少少，有着被掏空、撕裂、分裂之感。這心靈「抗逆」之路，着實難行。我們會感到困惑、無所適從，不知道怎樣面對當下，史無前例、前所未有的社會和個人狀況。紛爭過後遺留下來的，在各種文化上、社會上、家庭上、甚至個人內心的衝突都需要好好被療癒。這城市所盛載的背景、歷史、情況是這樣的獨特，也根本不能單靠前人或課本知識便學懂如何去處理和疏導的。

香港大學團隊在 2020 年 1 月疫情爆發前於國際醫學權威期刊《刺針》發表有關於香港人精神健康的研究，指出疑患抑鬱或創傷後壓力症比率大約分別為 11.2% 和 12.8%，推算每 5 個香港人當中有 1 人 (22%) 疑似患有抑鬱症或創傷後壓力症 (Ni 等，2020)。以至近年另一團隊進行的一項有關全港首個 15-24 歲青年精神健康流行病學調查 (Wong 等，2023)，數字顯示在 2019 至 2022 年間進行，16.6% 受訪青年過去一年

至少患有一種精神疾病，按此推算即約六分一青年人口受到精神疾病的困擾，當中更有 19.4% 的人過去一年曾有自殺念頭、5% 有自殺計劃，1.5% 曾企圖自殺，學童和青年人的精神健康令各界極度關注。

數字驚人，香港人的心理質素持續下降！這意味着甚麼？是的情緒確實會起伏不定，而意識到我們身處的環境、正在經歷的種種、認知到我們情緒和心理上的情況，便是改變的第一步。「沒有精神健康，就沒有真正的身體健康」(Without mental health there can be no true physical health)，這句早在 1954 年由第一屆世界衛生組織 (World Health Organization；1954) 總幹事布羅克．奇澤姆 (Brock Chisholm) 所說的名言，人類於大半世紀後似乎每況愈下。從病理上看，精神健康狀況經常和創傷後壓力症、抑鬱症和焦慮症等扯上關係，面對心理疾患數字的攀升，中國人常言道的「心病還須心藥醫」，人們的心病良藥，還可往那裏去找？

當然，治療情緒或精神疾患，是可用藥物或心理治療方式治理，遺憾是一半人說不會尋求專業協助 (Ni 等，2020)。當創傷、焦慮和抑鬱成為一種社會氣候，是否意味着人人也要找找心理學家、見見精神科醫生？如果我們留意一些從事「助人行業」(Helping professionals) 的客觀數字，便不難發現，那根本近乎不可能！按 2023 年的數字顯示，香港精神科專科醫生只有大約 450 多人 (The Medical Council of Hong Kong，2023)；不同種類的心理學家數字加起來則大約有 1300 多人 (Hong

Kong Psychological Society Ltd，2023)。試問，怎可能足夠應付一個城市近乎 800 萬人口的心理需要？難道情緒的困擾，也要「排期」一兩年才能處理？

事實上，輔導心理學強調，我們不是因為「有病」才去關顧心靈需要。情緒，本身並不是「病」，學懂覺察、表達和疏理，達至心靈平衡健康才是關鍵。因此，本書實是一部給市民大眾的「抗逆『情』書」！談談各種「逆」情，剖釋一些較負面及消極的情緒和感受；當中為每個人獨特的意義如何？怎樣接納各種情緒的高低起伏？怎樣容讓負面的情緒獲得抒發，同時得到正面的處理和疏導？本書也會介紹有那些實際的測量、考量或活動，讓普羅大眾多加認識自身和他人的心理需要，有助提升個人的身心成長和抗逆能力。這一切重要的「逆情」，我們都會一一談論到。

由 2020 年中開始，我和同事們一起策劃出版這本書。一路走來，四年後的今天，我們新增修訂內容，也彷彿默默陪伴讀者同行，走過各種情緒上的高山低谷。我們一眾輔導心理學家，好榮幸和大家一起「放負」，好好做自己的情緒管理師。

郭倩衡

香港心理學會輔導心理學部前任主席（2018-2022）

「情緒」的第一課

不論讀者年齡層如何，我們大都在「填鴨式」教育中成長：自小死記硬背，應付過許多科目、課堂、考試。然而，我們對自己心理狀況、個人成長的認識，可謂乏善足陳……是的，我們有生物科，也大約了解身體構造、器官功能。有些人落力鑽研養生、營養、修身、皮膚……大有學問！可是，關於情緒、心靈、心理的機制和心靈健康呢？的確好像沒多少必修課本會解釋；也沒有方程式可供推敲匯算……「不開心怎辦？」公開考試沒有考、入大學也不用計算的事情，會有多重要嗎？

情緒，是一種本能，與生俱來。就如我們會呼吸、會肚餓、會感到冷、覺得熱、會疲倦、要睡覺……自出娘胎、嬰孩呱呱落地的一刻，醫生最關切就是初生嬰兒會否大哭？聽着哇哇的哭聲，表示生命力的跡象，呼吸暢順，健康！嬰兒脫離母體舒適溫暖的環境，感受到一個截然不同的世界，這嚎哭，是生命奮力呼喊：不適應、不習慣、害怕……同時也顯示了這微小生命的需要：要受保護、要被養育、需要他人的「救命」，才得以生存。是的，情緒的確有着「救命」的本質；透過情緒，揭示了我們內在的各種需要。

英文 Emotion（情緒，情感），字根來自拉丁文 ēmōvēre，意即「從內而外的流動」。情緒，是一種主觀感受，帶來情感流動的能量 (Energy in motion)；從內心到身體，會呈現出不同反應，我們以不同的表情、言語、行為，向外流露。同時，在成長歷程中發展推進，漸漸也學會接收解讀別人的情緒反應，是人與人之間互動溝通的一部分。

情緒既然川流不息，哪情緒又有幾多種？以中文為母語的人，大都會答：喜怒哀樂！因為這是我們從小學習語言的時候已聽過的。然而，憑我們自身的經驗也會感到，情緒似乎比這還要複雜一點。

早在 1872 年，達爾文 (Charles Darwin) 撰寫的著作《人與動物的情感表達》(The Expression of the Emotions in Man and Animals) 中，已提到六種人類普遍的基本情緒：快樂 (Happiness)、驚訝 (Surprise)、恐懼 (Fear)、厭惡 (Disgust)、憤怒 (Anger) 和悲傷 (Sadness)。

後世的心理學家亦逐漸發現，人類的情感有着強烈共同性，是一個重要的自我保護與內在調節過程 (Ekman & Friesen，1971；Ekman & Oster，1979)，有些情緒是基本的，有些則是較複雜的。早前有套卡通動畫《玩轉腦朋友》*(Inside Out)* (其他中文譯名：《腦筋急轉彎》/《頭腦特工隊》)，便簡而精地以幾個卡通人物去講述人內心的的情緒：「阿樂」(Joy)、「阿驚」(Fear)、「阿燥」(Anger)、「阿憎」(Disgust) 和「阿愁」(Sadness)。製作團隊在推出第二集《玩轉腦朋友 2》(Inside Out 2) 時，更加入「阿焦」(Anxiety)、「阿厭」(Ennui)、「阿羨」(Envy)、「阿尷」(Embarrassment) 等新角色，足見情緒的深度及複雜性。

每一種情緒都是反映身心需要，沒有一種情緒是錯誤的。沒有分對錯、也沒有高低之分。既然它是一股「流動的能量」，意味着情緒有起伏變化，也屬正常，不會永遠靜止在同一點。中國人會說：「快樂」，也好像廣東話說的「快落」，快樂很快便會落幕，一剎那的光輝不代表永恆，事實確是如此。

情緒需要正確渠道去引導、抒發。佛洛伊德 (Sigmund Freud) 曾比喻人的心理需要好比液壓原理 (Hydraulic principle) (Freud，1953-1964)，人的情緒狀態又如流水，需要找到出處、紓緩壓力，不然就有「爆煲」的危險；內心的渴望、人際關係的需要，如不能好好排放，情感抑壓會變成行為問題，甚至進一步出現情緒病徵。

一 · 情緒與身體，如影隨形

情緒既是無法刪除，不能逃避的，我們需要學習怎樣面對和處理，情感、情緒從內而外，衍生出來的行為和決定。

例如當我們感受到傷害或威脅，身心也會即時作出反應：戰鬥或逃跑反應 (Fight-or-flight response)，或甚至變得僵硬繃緊 (freeze)。有時候，孩子出現暴力行為、不合作、不願前行、動彈不得……未必是他們「不聽話」，故意拖延，也有可能是曾受到傷害的一個自然反應。即使是成年人，相信大家也曾經歷過，在感到重大壓力的時候，會有不同的身心不適：作嘔、頭痛、身體焦灼難受……有時候會感到很憤怒、很想發洩；有些時候，身體會不由自主，只想逃跑。這些也是有跡可尋的情感反應。

生物學角度，當然可以很專業準確地將大腦結構神經，一一命名分析。但是，人類的情感，卻比生物或腦神經科學還要複雜得多，有着靈性的連繫；我們的思想行為、情緒關口、電光火石間的本能反應，即使大家對腦部機制有多熟悉，身心之間的連結至今仍是一門博大精心的學問。無論從腦神經科學、中醫五行情志的角度，都會說到人的情緒、心靈跟身體的運行是息息相關、環環相扣。當心靈、心理失衡了，病痛也隨之而來。

二・壓抑與羞恥的基因

在華人的情感文化中，好像遺傳了壓抑和羞恥的基因；羞愧感成了一種社會調控機制 (Sun，2013)，一個人的失敗，好像影響了「全村人」：因此情感絕不能輕易向外露！甚麼洋洋得意、沾沾自喜，那是驕傲，要不得！不該埋怨、不要生氣、不可小氣，那是有失大方的表現！不要哭、受傷了也不要表現出來，特別是男孩子，那少少苦又算甚麼！然而，壓抑了的情感和情緒不會煙消雲散，反而會頑固地在不同的「漏洞」中發洩出來，甚至在一瞬間「火山爆發」！我們學習處理情緒，多數傳承自原生家庭、觀察父母長輩的「示範」；對於情感的處理和壓力機制，有點像「遺傳基因」一樣，代代相傳下去……未解決的問題、負面的情緒、甚至焦慮和壓力，也有機會「世代相傳」。

所以說，讓人們更認識自己和疏理情緒，好好處理壓抑了的感覺，也是本書的一眾輔導心理學家作者，對建立一個身、心、社、靈皆健康的社會最熱切的期盼。

三・輔導心理學，我們要說的是……

在香港，其實有一種專業叫「輔導心理學家」(Counselling Psychologist)。根據香港心理學會 2024 年統計數字，本港的輔導心理學家現時只有約 180 位，他們大多在外國接受培訓。經由本地大學培訓出來的輔導心理學家，2012 年 6 月才正式「出產」。

「輔導心理學」是其中一種「應用心理學」。據現時香港心理學會四大應用心理學家分類，有包括：臨床心理學家 (Clinical Psychologist)、教育心理學家 (Educational Psychologist)、輔導心理學家 (Counselling Psychologist) 及工業與組織心理學家 (Industrial & Organizational Psychologist)。

於理念上，輔導心理學家強調反對傳統的「病態模式」(Pathological Model)：不是要你患上任何精神／情緒病，才向他們求助。反之，我們着重「身心和諧模式」(Wellness Model) 和「預防主導」(Preventive Work)。簡單地說，就是希望在大家的心理健健康康的時候，已利用心理輔導及評估，找出個人的強、弱項；好能取長補短，強化心理健康、提升整體生活質素。輔導心理學家希望大家在個人成長的過程中，不斷「自我發現」(Personal Awareness)、「自我改進」(Self Enhancement)。

再簡而論之，輔導心理學強調：生活上遇到的一切困難，其實只是一瞬的挫折或痛苦，沒有甚麼是解決不了的！我們如果能夠多細察生命中的不同點、線、面，就可真正發揮自己或下一代的強項，平衡成長路上的苦與樂，生活也將會大大不同！

四·好好利用這本書

這本書由香港心理學會輔導心理學部的一群輔導心理學家策劃、選材、書寫，分享各種臨床經驗和專業知識，誠意與香港人分享這「抗逆情」

書。當負面情緒來襲的時候，利用這「自療手冊」，讓大家可以覺察、分辨、自測、調整。看這本書，不一定需要從頭讀起；在每章節會集中討論一種「情緒類別」，你可以靜下來，分辨當下的感覺，慢慢細讀、自我檢測、理解、疏導，這已經是處理情緒的第一步。當然，假如感到症狀和負擔已影響日常生活、並已持續一段時間的話，請不要遲疑，盡快尋找專業心理學家或精神科醫生的協助。

參考資料：

Brock, C. G. (1954). *Outline for a study group on world health and the survival of the human race. Material drawn from articles and speeches by Brock Chisholm.* World Health Organization

Ekman, P., & Friesen, W. V. (1971). Constants across cultures in the face and emotion. *Journal of Personality and Social Psychology, 17,* 124-129.

Ekman, P., & Oster, H. (1979). Facial Expressions of emotion. *Annual Review of Psychology, 30,* 527-554.

Freud, S. (1953-1964). *The standard edition of the complete psychological works of Sigmund Freud.* J. Strachey (Ed)., 24 vols. London: Hogarth Press.

Hong Kong Psychological Society Ltd, (2023). *Annual Reports: Hong Kong Psychological Society Ltd 2022-2023.* https://www.hkps.org.hk/

Lau, B. H. P., Chan, C. L. W., & Ng, S. M. (2020). Resilience of Hong Kong people in the COVID-19 pandemic: Lessons learned from a survey at the peak of the pandemic in Spring 2020. *Asia Pacific Journal of Social Work and Development, 31(1-2),* 105-114.

Leung, G.M. (2019, July 11). *HKUMed reports real-time population data on depression and suicidal ideation: a ten-year prospective cohort* [Press Conference Interview], School of Public Health, LKS Faculty of Medicine, The University of Hong Kong.

Medical Council of Hong Kong (2023). List of Registered Medical Practitioners: Specialist Registration - Psychiatry. http://www.mchk.org.hk/

Minn, C. & Hau, I. (2020, May 30). *The next pandemic: mental health.* Edsurge News. https://www.edsurge.com/news/2020-05-30-the-next-pandemic-mental-health?fbclid=IwAR2bGx2ZovUwPFofeNVrtCR9Tm7OO-FR7sqs743sXiWPlvgUDS-MIg4DFCA

Ni, M. Y., Li, T. K, Pang, H., Chan, B.H., Kawachi, I., Viswanath, K., Schooling, C.M, Leung, G.M.(2017). Longitudinal patterns and predictors of depression trajectories related to the 2014 Occupy Central/Umbrella Movement in Hong Kong. *American Journal of Public Health. 2017, 107(4)*, 593-600.

Ni, M.Y., Yao, X.I., Leung, K.S.M., Yau, C, Leung, C.M.C., Lun, P., Flores, F.P., Chang, W.C., Cowling, B.J., Leung, G.M. (2020). Depression and post-traumatic stress during major social unrest in Hong Kong: a 10-year prospective cohort study. *The Lancet, 395,* 273-284

Sabbatini, G. (1993, September 10). *Musical performance of Giuseppe Sabbatini* [Interview]. Studs Terkel Radio Archive; The Chicago History Museum. https://studsterkel.wfmt.com/programs/musical-performance-giuseppe-sabbatini?t=NaN%2CNaN&a=%2C

Sun, C.T.L. (2013). *Themes in Chinese Psychology,* (2 ed). Cengage.

Wong, C. S. M., Hui, C. L. M., Suen, Y. N., Wong, S. M. Y., Chang, W. C., Chan, S. K. W., ... & Chen, E. Y. H. (2023). The Hong Kong youth epidemiological study of mental health (HK-YES)—A population-based psychiatric epidemiology study of youth mental health in Hong Kong: A study protocol. *Early Intervention in Psychiatry.*

總是要很忙，停下來就不安。

恰似發條器中無意識的操作，焦慮家族有股頑強的推動力不斷令自己停
不下來，時刻如箭在弦的心急驚惶。些許的焦慮、恐懼、強迫、羞怯、
緊張和沒有安全感可成為我們的動力；然而，過多的焦慮容易引起的不
只是心理困擾，腸胃不適、頭痛、常要別人服從自己、不能專注在眼前
的工作等，皆有可能是焦慮家族成員所招致。

焦慮家族
的成員

焦慮

恐懼

強迫

羞怯

緊張

沒有安全感

焦慮

一・焦慮的特徵

「我閨密去旅行認識了新朋友，她們好像很合得來又會約出去，但我擔心以後她會不會不再和我親近呢？」

「升學考試就像是『一試定生死』，如果失敗了我就進不了大學，沒有大學文憑就很難找到好的工作，或許一直到五十歲都無法實現自己的夢想！唉！現在一聽到『綠袖子』的旋律就覺得很焦慮！」

「兒子中午出去旺角逛街，但新聞突然說那邊有交通事故，我打了 50 次電話給他都沒有回應，我很擔心他出了甚麼事……」

「唉，老闆突然叫我在外國客戶面前作匯報，我擔心自己表現不佳。他們會不會聽不懂我說甚麼呢？怎麼辦？」

不知大家是否對上述對話感到非常熟悉，甚至覺得自己就是其中一員呢？在生活中，我們大多數人都曾經歷過焦慮、坐立不安、感到焦慮的時刻。大部分人都不喜歡焦慮時心跳加速、額頭冒汗、心煩意亂的感覺，但其實焦慮是人類在面對危機時的自然情緒反應。有些人可能會混淆恐懼和焦慮，但實際上「恐懼」和「焦慮」是兩種不同的概念。「恐懼（Fear）」是指面對即時危險（Current danger）的緊張反應；而「焦慮（Anxiety）」則是指對未來、尚未發生的事情（Future events）感到擔憂和不安（American Psychiatric Association，2013）。由於焦慮的產生不是來自具體的即時事件或情境，而是來自於尚未發生、想像中的威脅或危險，因此有時我們可能難以清楚表達自己到底在焦慮甚麼。

美國心理學會（2020）將焦慮定義為「**一種以緊張的情感，擔憂的想法和身體的變化（例如血壓升高）為特徵的情緒**」。雖然每個人對焦慮的反應都有所不同，但當我們感到焦慮時，通常會出現以下一個或多個方面的反應（Boyes，2015）：

身體 (Autonomic/Physical symptoms)：相關身體反應，例如失眠、腸胃不適、無法集中精神、手震、心跳加速、出汗、口乾、頭暈、臉紅、疲憊、麻木、肌肉緊張。

行為 (Behaviour)：應對或逃避焦慮時所採取的行為，例如玩弄物品、表現急躁、握緊拳頭、避免眼神接觸、咬指甲、口吃、哭泣、大喊、顫抖、不斷搜集資訊但無法採取行動等。

思想 (Cognition)：對未來或尚未發生的事情持有負面的思想，例如不斷擔心、難以集中、害怕受傷害、自我批評、恐慌、覺得自己能力不足或愚蠢。

二·自測

每個人面對生活中的煩惱反應各有不同。有些人為人樂天積極，面對壓力時能夠有效調適，而有些人則經常為未發生的事情擔憂，感到寢食難安。現在，讓我們一起來評估一下，你是否正在感受焦慮？並且，焦慮又達到了甚麼程度呢？

在過去兩個星期，你有受到以下問題的困擾嗎？（請選擇適合你的答案）*

	完全沒有	幾天	超過一半或以上的日數	近乎每天
1. 感到緊張、不安或煩躁	0	1	2	3
2. 無法停止或控制憂慮	0	1	2	3
3. 過分憂慮不同的事情	0	1	2	3
4. 難以放鬆	0	1	2	3
5. 心緒不寧以至坐立不安	0	1	2	3
6. 容易心煩或易怒	0	1	2	3
7. 感到害怕，就像要發生可怕的事情	0	1	2	3

* 以上自我測評參考自 Spitzer 等（2006）的問卷，僅供參考之用，並非正式臨床診斷。如有任何疑慮，請諮詢心理學家或精神科醫生以獲得更專業和可靠的診斷。

計分方法： 將每題的得分累計相加後，參考下表來了解您是否有焦慮情緒，以及其嚴重程度。

總分	焦慮程度	備註
0-4	無明顯焦慮	
5-9	輕度焦慮	建議找親友分享，解除心中的焦慮
10-14	中度焦慮	建議你立即尋求專業協助
15-21	嚴重焦慮	

三・應對方法

當面對過多的焦慮情緒時，我們都希望能夠有效應對，重拾專注力和工作效率。然而，我們應該採取哪些具體措施呢？美國心理學家 Edmund J. Bourne 在他的著作《焦慮與恐懼自助手冊》（2020）中介紹了一些處理焦慮情緒的自助方法，值得大家參考。

| 放鬆身體：腹式呼吸和漸進式肌肉鬆弛法 | 當我們感到焦慮時，身體往往會產生一系列反應。透過腹式呼吸和漸進式肌肉鬆弛法，我們可以有效地放鬆身體，從而緩解焦慮情緒。

腹式呼吸法的原理是藉着吸氣時擴展橫膈膜，讓肺部吸入更多氧氣。這有助於降低心跳速度，使身體感到放鬆。

做法非常簡單，只需輕輕地從鼻孔吸氣，直到腹部去，然後再緩慢地從腹部向嘴巴呼出。過程中，我們可以將手放在腹部，感受吸氣時腹部的鼓起和呼氣時腹部回歸原位的感覺。此方法的好處是步驟少、簡單易學，隨時隨地都可運用。

漸進式肌肉鬆弛法的原理是藉着練習逐步拉緊和放鬆身體不同部位的肌肉，感受當中的差異，幫助我們能自如地放鬆肌肉，從而緩解身心的緊張。做法是先找一個寧靜舒適，可以躺平或者坐下的環境。準備好後就從下到上，從腳趾到頭頂，一步步的慢慢收緊和放鬆每個部位的肌肉，再保持身體靜止，專注於身體繃緊時和放鬆時的感受。 |

停止憂慮：轉移注意力	有些時候，為了從憂慮漩渦中走出來，減輕對未來的焦慮，我們需要學習改變關注的焦點，將注意力放回當下。以下是兩種有效轉移注意力的方法：

1. 嘗試開展一項新的工作或活動，或通過小變化重新掌握注意力，然後才再投入原本正在進行的事情上。

   例如：當你正在觀看 YouTube 的時候，你察覺到自己突然浮現出一些焦慮情緒和擔憂思想，這時你可以嘗試轉看別的視頻，以幫助自己轉移注意力。

2. 透過五感（視覺、聽覺、嗅覺、味覺和觸覺）去觀察身邊的事物。留意它們的細節、顏色、氣味或聲音，藉此去幫助自己控制注意力。

   例如：觀察桌面上的小盆栽，留意葉上的紋理；喝一口新泡好的茶，仔細感受它的溫度、香氣和味道；細心傾聽當下環境中的聲音，留意一下有多少種聲音，聲音是遠、近、響亮或微小的。

四・為甚麼有這個情緒出現？

俗語有云：「人生不如意事，十常八九。」面對生活中的種種挑戰，我們會感到焦慮是十分正常的。無論是在公眾場合演講、應對考試或比賽，甚至是面對生活中突如其來的變化（如升學、結婚等）時，我們大多數人都會感到憂慮和不安。這種焦慮情緒的產生，實際上是一種求生本能，能幫助我們應對問題，保持警覺，避開或遠離潛在的危險。然而，若我們無法有效處理焦慮情緒，或未能因應生活中的變化做出適當的心理和生理調整，將會對我們的生活造成嚴重影響。例如，我們在準備考試時感到焦慮，是因為我們認為這次考試對我們至關重要。因此，為了應對考試，我們會格外小心，用心準備，以免失誤影響成績。在生理上，我們的神經系統會在對這種壓力作出「戰鬥或逃跑反應 (Fight-or-flight response)」，釋出「壓力荷爾蒙 (Stress hormone)」去調節身體機

能，讓我們保持專注和精神去面對考試 (Harvard Health Publishing，2018)。

雖然焦慮是一種人類演化得來的優勢，幫助我們察覺和應對潛在的危險，但我們都要小心留意焦慮的種類和程度。通常情況下，我們的焦慮反應會隨時間自動調適，或在處理好壓力事件後會逐漸消退，不會持續太久。然而，如果我們面對過多的焦慮，或引發焦慮的壓力事件持續出現，令我們的焦慮反應不能自動調節，因「壓力荷爾蒙」而出現的生理反應（如心跳加速、手心冒汗和肌肉繃緊）就會持續出現，影響到我們處理日常事務的效率和表現、身體健康甚或人際關係，造成更多生活上的問題，最後形成惡性循環 (Pietrangelo & Watson，2017)。舉例來說，如果你是個深信自己隨時會被解僱的職員，你可能會過分焦慮，不斷擔心和全身繃緊，無法集中精神工作，最終令工作質素和表現大打折扣。

由此可見，我們所承受的焦慮和壓力量是會影響個人表現的。根據 Yerkes-Dodson 法則 (Inverted-U Principle，亦稱為「倒 U」理論) (Yerkes & Dodson，1908)，每一個人都有一個最適合的壓力水平。適

當的壓力可形成一股推動力，激勵我們提升工作效率和表現，促進個人成長。相反，過少或過度的壓力卻會令我們欠缺動力或過於焦慮緊張，因而大大影響工作表現。故此，我們要保持適量的壓力。當有過量或超乎實際嚴重程度的焦慮，而令我們不能停止或控制時，我們便要小心留意。否則情況持續惡化，就有機會患上焦慮症。

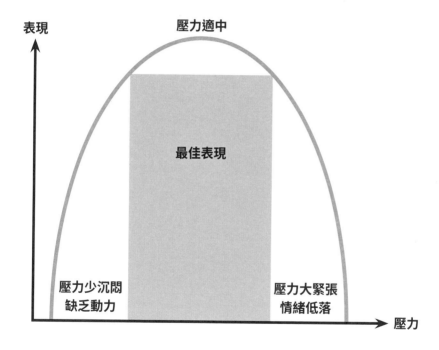

五・有甚麼可預防和注意？

當踏出自己的安舒區 (Comfort zone) 時，我們都會感到焦慮。雖然選擇逃避、留在安舒區裡，或許會暫時讓我們感到安心，但這樣的生活可能會缺乏挑戰和成長。期望將焦慮完全消除是不現實的，重要的是學會如

何調適。當焦慮達到影響身心健康、阻礙前進，甚至使我們陷入困境的程度時，我們就需要正視這個問題。為了減少不必要或不合理的焦慮，我們可以：

1. **擔憂日記 (Worry diary)**：處理焦慮和擔憂的第一步是覺察這些感受。每當你有擔憂的情緒或思想，你可以即時利用不同工具（如筆記簿或智能電話）把它們記錄下來。通過記錄擔憂，這能增強你覺察擔憂的敏銳度，也更能組織事件因果和更易處理。

2. **分辨擔憂**：當你能成功捕捉自己的擔憂後，我們就可嘗試把擔憂分類。一般而言，我們的擔憂主要分為實際性 (Practical worry) 和假設性 (Hypothetical worry) 兩類。實際擔憂是關於當前正在影響你的實質問題，一般在感到擔憂時，當刻會有可行的處理方法。例如：「我的孩子因病早退，我正在上班，當下我需要找幫手接送和照顧孩子。」而假設性擔憂是對目前尚不存在但將來可能發生的事情感到憂慮，但當刻沒有可行的處理方法，例如：「如果我失業後變得貧困，該怎麼辦呢？」

3. **處理擔憂**：當你分辨到自己的擔憂是實際性或假設性後，你就可以按其性質分別處理了。如果擔憂是和實際問題有關（即實際擔憂），你可以嘗試制定一些具體行動計劃去解決問題。而如果那些擔憂是關於未來或現時並沒有任何方法可即時解決（即假設性擔憂），你可以先把它們寫在一個「擔憂清單 (Worry time list)」上，留待「擔

憂時間 (Worry time)」再專心處理,然後嘗試將專注力重回當下(即剛被擔憂所干擾)的事情上。

4. **擔憂時間 (Worry time)**:你可以嘗試每日預留一個特定時段去擔憂。這時段無長短限制,最重要的是你自己覺得合適和足夠(如每晚飯後 20 分鐘)。當你在進行「擔憂時間」,請確保自己不受打擾,能夠全情投入去思想和處理擔憂。

六 · 應用例子

家庭層面

當孩子因為準備升學考試而感到緊張時,作為父母,我們不用急於為孩子解決問題,而是「先處理心情,後處理事情」:通過同理心溝通,讓他們感受到支持和理解,並引導他們找到解決問題的方法(韓成範,2022)。我們可以問孩子開放式問題,例如:「你擔心甚麼?有甚麼事情讓你感到緊張?你覺得我們可以如何幫助你?」這樣的問題有助於孩子表達內心感受並啟發他們思考解決辦法。同時,家長可以教導孩子腹式呼吸和漸進式肌肉鬆弛法,讓他們學會放鬆身體,緩解焦慮情緒。這樣的教導不僅能幫助孩子克服焦慮,還能讓他們在未來的挑戰中更加堅強自信。

學校層面

有時我們會因為和同學相處感到擔憂，甚至認為其他人不喜歡自己，而想要避免和他們接觸。為了減少這種負面想法帶來的過度焦慮，可以先回想最近一次與同學社交時所感到焦慮的情況，並將相關的負面想法寫下來。接著，嘗試提出問題來挑戰這些負面想法（Boyes，2015）。例如，如果負面的自動想法是「大家都在打哈欠，他們一定覺得我很無聊」，你可以問問自己是否可能有其他解釋（或許他們只是累了，與你無關）。試着留意在焦慮的社交場合之前、期間和之後經歷的自動負面想法，並用替代解釋來挑戰它們。這樣的練習有助於我們更客觀地看待與同學的社交，從而減輕焦慮情緒。

職場層面

當我們在工作上感到焦慮時，可以先花幾分鐘思考壓力的來源，用紙筆整理思緒，將其分為「可控」和「不可控」（Fosslien & Duffy，2019）。對於「可控」的壓力，比如今天需要完成的簡報，我們可以制定具體且可行的目標，如「今天 5 點前完成 30 張簡報投影片」，以分拆步驟方式減輕心理負擔。對於「不可控」的壓力，例如客戶不斷發訊息或超出能力範圍的問題，我們可先保持冷靜，待對方訊息暫告一段落後，再重新安排工作，並與主管溝通後再處理。

參考資料：

American Psychiatric Association (2013). *Diagnostic and statistical manual of mental disorders* (5th ed.). Author

American Psychological Association (2020). *Anxiety.* https://www.apa.org/topics/anxiety/

Boyes, A. (2015). *The Anxiety toolkit: Strategies for fine-tuning your mind and moving past your stuck points.* Penguin.

Bourne, E. J. (2020). *The anxiety and phobia workbook (7th ed.).* New Harbinger Publications.

Fosslien, L., & Duffy, M. W. (2019). *No hard feelings: The secret power of embracing emotions at work.* Penguin.

Harvard Health Publishing (2018). *Understanding the stress response.* https://www.health.harvard.edu/staying-healthy/understanding-the-stress-response

Pietrangelo, A. & Watson, S. (2017). *The effects of stress on your body.* https://www.healthline.com/health/stress/effects-on-body#1

Spitzer, R. L., Kroenke, K., Williams, J. B., & Löwe, B. (2006). A brief measure for assessing generalized anxiety disorder: the GAD-7. *Archives of internal medicine, 166*(10), 1092-1097.

Yerkes, R. M., & Dodson, J. D. (1908). The relation of strength of stimulus to rapidity of habit-formation. *Journal of comparative neurology and psychology, 18*(5), 459-482.

韓成範（2022）。《父母的情緒，孩子都知道：與孩子一同練習調節情緒溫度，爸媽不失控，孩子才能做情緒的主人》。采實文化。

恐懼

一・恐懼的特徵

廣東人以「有得震冇得瞓」來形容在恐懼和驚慌時難以入寐的狀態,意指因恐懼擔憂時,身體因顫抖而無法安睡。獨自一個於黑夜行走、觸碰昆蟲小動物、站在高處向下望、坐在飛機上遇到氣流、在多人面前演講等都是不少人曾經或現在經歷的夢魘。美國科幻恐怖小說作家 Howard Philips Lovecraft 曾經寫道:人類最古老而強烈的情緒,便是恐懼;而最古老、最強烈的恐懼,便是對未知的恐懼 (The oldest and strongest emotion of mankind is fear, and the oldest and strongest kind of fear is fear of the unknown.) (Lovecraft,1927)。除了恐懼未知,我們更深層的恐懼,是擔心害怕經歷恐懼的感覺。早在大約 2400 年前,在古希臘醫生 Hippocrates 的個案記錄中,已經對恐懼有所記述,其中包括許多今天仍常見的恐懼,如廣場恐懼、動物恐懼和社交恐懼等,雖然當時仍未有「恐懼」(Phobia) 一詞,但記述的恐懼和今天的相似,可見恐懼的情緒是跨越文化和時空,從古到今都影響着人類。

作為其中一種最原始的情緒,各種不同場景或物件引發的恐懼,一般會伴隨着各種生理和心理的反應。當恐懼出現時,心跳加速、呼吸變快、

肌肉繃緊、頭暈、胸口痛或有沉重感、害怕自己失去控制和知覺、頭暈等身體反應,都會令我們感到十分不適。恐懼是人類共同的感受,那麼怎樣才算是「恐懼過頭」?

二・自測

關於恐懼的自我問卷:

1. 當你面對恐懼時,你會出現的身體症狀有?

   ○ 頭暈

   ○ 冒汗

   ○ 或冷或熱

   ○ 心跳加速、心悸

   ○ 哽塞感

   ○ 呼吸困難

   ○ 噁心、肚子不舒服

   ○ 胸口痛或有沉重感

○ 對四周感覺不真實

○ 害怕自己失去控制和知覺

○ 害怕自己會死亡

2. 有否因為害怕恐慌發作或極度驚慌而逃避進入特定場景或接觸某物件？

○ 有

○ 否

3. 下列各項，那一種你會因害怕或恐懼而選擇逃避？

（逃避的程度：1 ＝完全無法接觸 / 進行；2 ＝絕大部分時間在逃避，在沒有選擇下仍會勉強繼續，但會感到強烈恐懼；3 ＝某些時候會逃避，若接觸到會感到非常不安和害怕；4 ＝不太願意 / 喜歡，傾向逃避）

○ 獨自開車

○ 在高速路上開車

○ 到商店購物

○ 坐飛機

○ 坐船

○ 坐車

○ 坐電梯

○ 身處很高的地方

○ 看醫生或牙醫

○ 在馬路上塞車

○ 在關閉的密室

○ 在空曠的地方

○ 在擠滿人群的地方

○ 離開住所

4. 下面那一些情境你會因為害怕被人注目或突然做出丟臉的事而逃避？（逃避的程度：1＝極度害怕；2＝絕大部分都會害怕；3＝某些時候會害怕；4＝不太害怕）

○ 身處在任何團體當中（學校、工作場所、社會組織等）

○ 在任何人面前彙報

○ 在大團體前演講

○ 聚會或集會

○ 使用公共場所

○ 在別人面前吃東西

○ 約會

○ 在任何場合說或做出一些愚蠢的話和事

5. 你會因害怕而極力逃避以下任何一項（或以上）的東西嗎？

○ 昆蟲或動物，如蜘蛛、蜜蜂、蛇、老鼠、狗、貓等

○ 在高處，如高樓、山坡、高橋

○ 隧道

○ 密室

○ 電梯

○ 飛機

○ 大橋

○ 醫生 / 牙醫

○ 水

○ 血

○ 生病或身體不適

○ 黑暗

○ 其他

6. 只有在必須面對以上這些情景中的一種時，你才會感到高度恐慌和焦慮嗎？

○ 是

○ 否

第一題自測是你的恐懼程度和反應，如強烈地感受到三項或以上，你的恐懼反應便應該正視。

第二題是檢視你因恐懼而行動受限的指標，因恐懼而逃避特定的場景或物件是患恐懼症重要的反應。

第三題是廣場恐懼症的自測，若有任何一項達到 1 的程度，你便很有可能患上廣場恐懼症。

第四題是社交恐懼症的自測，若有任何一項達到 1 的程度或二項以上達到 2 的程度，你便很有可能正在受社交恐懼症的影響。

第五和第六題是特定的恐懼症，如果在第五題選出一個或以上，而第六題回答「是」，你很可能正面對特定的恐懼症。

以上的自我測驗是根據《精神疾病診斷與統計手冊 - 第五版》(The Diagnostic and Statistical Manual of Mental Disorders, DSM-5) 的標準而設計，並非正式臨床診斷；若有任何疑問，請諮詢心理學家或精神科醫生，以取得最可靠和切合的診斷。

三・應對方法

雖然恐懼感不代表恐懼症，但若果以上的自測讓你覺察自己被不同程度的恐懼困擾，便應該正視。遇上恐懼，可以嘗試下列的方法處理。

先穩定自己的身心：

在感到恐懼時，可以先調節自己呼吸的頻率，有意識而專注地以「慢、輕、深」腹式呼吸法取代快速的胸腔呼吸。用鼻腔吸氣，吸氣時輕輕感受腹部像一個汽球般脹起，呼氣時感受腹部收縮。呼氣和吸氣都要「慢、輕、深」，可以在心中一面呼吸，一面默想「慢、輕、深」直至感到自己的心跳平穩，冷靜下來。

了解自己的恐懼：

恐懼是偶發性的焦慮，但並不完全相等。恐懼是當我們面對威脅或危險時所體驗到即時的情緒反應，並伴隨着強烈的行動，也即是戰鬥或逃跑反應 (Fight-or-flight response)。而焦慮則是面向未來性的，其擔心的情緒是對於未來有可能的威脅而產生。區別恐懼和焦慮，可在感到擔心時先穩定情緒，再想想是有某一特定的東西引起即時的恐懼，還是持續地擔憂不同的東西？在確定是對某一或某些特定的東西或場景出現時才會恐慌，便可以針對性地處理那些恐懼反應。恐懼是遇到外間刺激時出現在表面的情緒，每因在背後一些想法和對刺激物主觀的詮釋而強化。平靜時嘗試分析一下自己恐懼的感覺底下，有甚麼想法，比如說：我很恐懼在別人面前演講或彙報，這種恐懼感或許是來自害怕因自己犯錯或別人會在暗中批判，再深層次的核心是在表達自己的自信不足，認為自己很難得到別人欣賞，因而會有負面預期，結果就是在別人面前演講或彙報時感到恐懼。

演講或
彙報時
感到恐懼

害怕因自己犯錯或
別人會在暗中批判

認為自己很難得到別人欣賞、
負面預期

恐懼情緒金字塔

挑戰恐懼：

挑戰恐懼的想法，在安全的情況下，直接面對恐懼的物件和場景。不論是嚴重的還是輕度的恐懼，都可靠着改變對恐懼的認知和直接面對而得到緩解。不同種類的恐懼都有一個共通點，就是會極力避免遇到引起他們恐懼的情景或物件；但實情是，大部分的恐懼都因逃避而不斷強化。Dr. Joseph Wolpe 在其著作（*Psychotherapy by Reciprocal Inhibition*）(1958) 中，介紹了對於恐懼症的行為治療方法及運用系統脫敏法的成功經驗。Wolpe 認為，以輕鬆的反應去抑制焦慮和恐懼，重複練習，想像遇到恐懼刺激時不再被強烈的恐懼脅持，可慢慢減少恐懼。至今仍有許多治療師傾向使用這種從系統脫敏中發展出來的方法去處理恐懼問題 (Craske 等，2006)。在現實場景，除了可以運用正面想像，幻想自己以輕鬆的心情面對恐懼刺激外，還可以在安全的情況下直接面對恐懼的感覺；例如害怕昆蟲，可以先由看黑白的昆蟲圖片開始，不逃避，放慢呼吸穩定自己的情緒，在應付到黑白圖片後，可以轉彩色圖片，放鬆、呼吸、凝望直至不再懼怕和不逃避。下一步以影片代替，然後是在較遠的和較近的距離看真的昆蟲，慢慢脫敏令日常生活上突然碰到昆蟲出現也會加快調適，不致於過度恐懼。

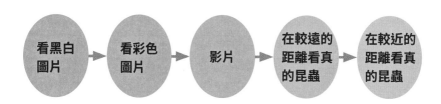

四・為甚麼有這個情緒出現？

在達爾文的著作《人類和動物的情緒表達》(1872) 中，他指出情緒其實是對所處環境恰當的反應，可協助人類應對危機，提高生存機率。恐懼的基本就是在遇上潛在危險時，大腦發出保護自己的訊息 (Craske 等，2006)。就如動物，恐懼本身是保護機制，遇上有危險的情況可逃跑保命。基於這個保護機制，當直接接觸危險的情況時，我們會對外在的刺激作出評估 (Appraisal)，然後負責調動身體資源以應對外間壓力的自主神經系統 (Autonomic nervous system，ANS) 和認知會作出反應，表達包括心跳加速、面露驚恐，行為上則是逃走。恐懼感可以是直接或間接形成的，最直接形成恐懼的原因，是因以往習得而來或負面的遭遇影響而建立起對某地或某物產生恐懼的感覺，腦內把該地方或物件聯結到恐懼的情緒，在反覆克服失敗或持續逃避後，大腦便會加強此聯結，久而久之強化了恐懼。

但恐懼有時是習得的，從觀察學習的角度分析，即使沒有正面經歷過被刺激物直接引發的驚恐情緒，透過觀察學習其他人對某件事物的行為反應也能習得恐懼。在 60 年代，心理學教授 Susan Mineka 指出，在實驗室中本來不害怕蛇的猴子，因看到別的猴子被蛇嚇到的錄像而對蛇產生恐懼。美國心理學家、行為主義心理學的創始人 John B. Watson 做了個名為「Little Albert」的實驗。在這項實驗中，他證明人類的情緒（如恐懼）也是在經典條件反射中學習得來的。當恐懼感覺和刺激物反覆聯

結出現，人類或動物就會「學習」到相關的刺激物出現便會引起內在負面的情緒，如在 Little Albert 的實驗後期，不只看到白老鼠會產生恐懼，就連看到小狗、兔子也會表現恐懼，這就是我們說的刺激泛化（方婷，2017）。因此即使在電視、新聞報道或聽別人描述而產生恐懼和感到困擾，也是有可能的。

五・有甚麼可預防和注意？

不論是戰和逃皆是身體受外間刺激時作出的反應，面對過度恐懼的情緒固然令人不適，但日常適度的恐懼可以幫助我們更有效避開危機。要預防過多恐懼，我們可以用以下的方法處理。

認識恐懼：

- 明白恐懼是情緒的一種，合理地協助我們處理生活危機。
- 認清恐懼的本質，某些不合理的恐懼是我們所強化，以平靜和理性分析面對，不過分聚焦恐懼的感覺，從而漸漸減少恐懼的強烈程度。

覺察因外間刺激而引發的身心轉變：

- 恐懼是因外間刺激而激發的身心反應，覺察日常生活有沒有特定的因素而容易激起恐懼感。
- 當恐懼來襲時，觀察自己的身心反應，感到心跳加速、呼吸加快、不知所措的同時可以告訴自己這是身體的正常調適，主要協助我們去應對外間的刺激。

學習深呼吸和身體放鬆法：

- 即使恐懼情緒並不構成困擾，也可以每天用 10-15 分鐘去進行腹式呼吸練習，學習放鬆肌肉。
- 久而久之，在遇上恐懼時，更有效快速調整呼吸讓自己平靜下來。

六· 應用例子

家庭層面

整體來說，家庭恐懼可以很廣泛，大至家庭分裂恐懼、經濟困難恐懼、子女教養恐懼、小至成員個人的恐懼。而孩子在成長過程中必然會面對不同的挑戰，若父母發現孩子對某種情況、物件或場景有恐懼，可以怎樣做？舉個簡單的例子，小茹的父母發現自從她某次在街上被一隻狗大聲吠了幾聲後，便對任何種類的狗隻都很恐懼，原本以為這種情況會慢慢好起來，怎料小茹愈是避免接觸狗隻，她的恐懼愈是被強化。為協助小茹克服，他們先是讓小茹看相關的卡通，並在旁教育她一般狗隻的特性，讓小茹分辨在甚麼時候是比較安全或比較危險的。

在第一步成功後，他們一家人一起觀看有狗隻參與的電影，並教導小茹在恐懼時覺察並放慢呼吸。當小茹開始明白多一點狗隻的特性和非所有狗隻都對她有威脅時，便可以帶她在一些寵物公園，先在遠處觀察，情況安全的話，可以在有狗隻走過的通道自然行走。

不少家長都想孩子「勇敢點」直接面對恐懼，但並不是強迫他們就可以

立即脫敏，處理不當更會加強恐懼。因此，運用系統脫敏法相對來說會更安全和使效果更鞏固。

學校層面

學校裏比較常見的是學生對考試、測驗或在班上公開回答問題恐懼。老師除了教導學生恐懼是身體的保護機制，還可在課堂上和學生一起練習腹式呼吸。腹式呼吸是一種能吸入最多氧氣的呼吸方法，並能刺激副交感神經系統，有助於放鬆、改善專注力，同時建議容易緊張的同學們在考試和測驗前用一至兩分鐘先做腹式呼吸。（相關步驟亦可參考焦慮篇 P.32）

課堂練習步驟如下：

1. 在課室以一個舒適的坐姿坐下，肩膀放鬆、雙腳平放地上、雙手自然垂放。
2. 由鼻子輕輕地、慢慢地吸氣至腹部再由鼻子呼氣。
3. 吸氣時腹部盡量往上頂，吸氣時默念「一、二、三、四」，數四秒，想像溫暖且放鬆的氣體流進你的體內，並閉氣兩到三秒。
4. 慢慢地呼氣，速度愈慢愈好，愈慢愈能產生安全、平靜且放鬆的感覺，想像所有的緊張也跟着釋出。

隨着不斷的練習，學生將會更好的掌握在恐懼發生時對情緒反應的平和力，情況許可的話，建議老師帶領全班一起，每天花 3 分鐘去做腹式呼吸的練習。

職場層面

職場的恐懼在現代社會中是相當常見，許多人可能會感到壓力、焦慮或害怕在工作場所中面對各種情況和挑戰。一些常見的職場恐懼包括：

- 失敗恐懼：擔心自己在工作中失敗或出錯，導致負面的後果，如失去工作、降職或影響自己的職業發展。
- 社交恐懼：害怕在職場中進行社交互動，對於與同事、上司或客戶建立關係感到困難，擔心被拒絕或評價不高。
- 表達恐懼：許多人害怕在工作場所中表達自己的意見或提出建議，擔心被認為是無知或不專業。
- 晉升恐懼：一些人害怕爭取晉升或更高職位的機會，擔心自己不夠稱職或無法滿足新的工作要求。

克服職場恐懼，可以從覺察內心需求開始，覺察工作中有沒有特定的因素而容易激起恐懼感，再觀察自己的身心反應。了解恐懼的本質，先從認知上改變要逃避恐懼和刺激的習慣，告訴自己恐懼和壓力感，是身體在為面對挑戰而調適的狀態，以「戰」取代「逃」。

平時可多做自我肯定，相信自己的能力和價值，培養自信心；與同事、朋友建立友善的溝通，需要時適宜地尋求別人的支持與幫助。

正面面對恐懼，不斷更新自己的知識和技能和多練習放鬆技巧，都可以協助我們逐漸增強自己的信心和抗壓能力。

參考資料：

American Psychiatric Association. (2013). *Diagnostic and statistical manual of mental disorders (5th ed.).* American Psychiatric Publishing.

Craske, M. G., Antony, M. M. & Barlow, D. H. (2006). *Mastering your fears and phobias.* Oxford University Press, Inc.

Lovercradft, H.P. (1927). *Supernatural horror literature. In, One-issue magazine.* The Recluse Press.

Reeve, J. (2018). *Understand motivation and emotion (7th ed.).* Wiley & Sons, Inc.

Wolpe, J. (1958). *Psychotherapy by reciprocal inhibition.* Stanford University Press.

方婷（2017）。《別再恐懼自己的恐懼：25 個恐懼的治療與自療》。非凡出版。

強迫

一·強迫的特徵

如果問那些現象會讓大多數人心有戚戚焉地說：「我就是！我也有！」，
強迫症肯定名列其中，每逢有人提出以下話題，都會惹來一番熱烈討論：

「誰會將書架上的書按照書脊的大小排列？」
「誰會將衣櫃裏的衣服照顏色排列？」
「誰會有特別潔癖，如外出後未洗澡就不能躺在床上？」
「誰在旅行離開酒店前，總會重複檢查自己有沒有遺下物件？」
「誰看到任何不對稱或不規則的排列時，就有種渾身不對勁的感覺？」

以上情況相信不少人也踴躍舉手說：「我也是！」，說明了人們生活中一些不為人知的「強迫小習慣」，相信大家也曾抱着好奇心在網絡上參與一些測試（例如：「10 張圖測試你是否強迫症？」）去了解自己是否擁有「強迫症」特質。然而，社會上也有不少名人曾被廣泛討論其「強迫」特質，例如英國球星 David Beckham 曾於訪問透露他受強迫思想及行為影響，看到不對稱或不整齊排列的東西就會感到困擾；而荷里活電影《娛樂大亨》(*The Aviator*) 中描述的美國著名商業大亨 Howard Hughes，他是一名出色的電影製片人、飛行員、航空工程師，但卻因其「完美主義」與「過度潔癖」對社交與工作造成干擾。由這些例子可見，不論文化、身分、能力、財富等，這些「強迫小習慣」都可能影響我們的生活，究竟我們該如何判別自己的「強迫」情況是否構成任何困擾呢？

二 · 自測

甲部

「強迫思想」題目	是	否
1. 你是否煩惱會被弄髒（灰塵、細菌、化學物、輻射等）或感染疾病（如性傳染疾病、呼吸道感染疾病）？		
2. 你是否過於關心物品（衣物、家具、書本等）是否擺得整齊？		
3. 你是否想像死亡或其他恐怖的事情？		
4. 你是否有無法接受的宗教想法（如褻瀆神明）或性衝動？		
5. 你是否擔心家中失火、被搶劫或水浸？		
6. 你是否擔心駕駛時會失控撞人或失控滑下斜坡？		
7. 你是否擔心散佈疾病（如讓別人感染傳染病）？		
8. 你是否擔心失去有價值的東西？		
9. 你是否擔心自己不夠小心而傷害到自己心愛的人？		
10. 你是否擔心會傷害心愛的人的身體、推陌生人去撞車子、開車子反向行駛、不適當的性接觸、或毒害晚宴的客人？		
「強迫行為」題目		
11. 你是否有過多的例行洗滌、清潔或整理儀容？		
12. 你是否會檢查電燈開關、水龍頭、焗爐、煤氣爐、門鎖或汽車的手煞掣？		
13. 你是否有點算數量、進行排列或維繫「平衡」的行為（如左右襪子維持一樣高）？		
14. 你是否會收集無用的東西或在丟掉廢物前反覆檢視垃圾筒？		
15. 你是否會不斷地重複例行的動作（起立、坐下椅子；進出門檻；點燃、熄滅香煙），直至覺得對勁為止？		

「強迫行為」 題目	是	否
16. 你是否會必須觸摸某人或某物？		
17. 你是否會不斷地重複讀或寫，寄信之前重複的打開或黏貼信封？		
18. 你是否會不斷地檢查身體以便查出何處有毛病？		
19. 你是否會逃避與不幸事件或不愉快想法的相關顏色（黑色代表不祥）、數字（4、13是不吉利的）、或字眼（鬼代表死亡）？		
20. 你是否必須「告解」或不斷的要別人給予保證你說的或做的是正確的？		

若你在甲部的答案中選擇「是」達到兩項或以上時，請繼續回答以下乙部。

乙部

請根據你在甲部所選的重複想法、衝動、影像或行為回答以下問題。請細閱以下題目，回想過去 30 日中，圈選由 0 到 4 當中一個最適當的數字。

題目					
1. 你每天被上述強迫思想或行為佔據多少時間？	0 沒有	1 輕微 少於 1 小時	2 中度 1-3 小時	3 嚴重 3-8 小時	4 極嚴重 多於 8 小時
2. 以上強迫思想或行為讓你造成多大困擾？	0 沒有困擾	1 輕微困擾	2 中度困擾	3 嚴重困擾	4 極嚴重 困擾

題目					
3. 你有多困難去控制以上強迫思想或行為？	0 完全受控	1 多數受控	2 中度受控	3 不太受控	4 完全不受控
4. 以上強迫思想或行為讓你逃避做事情、前往任何地方或約會某人的程度如何？	0 沒有逃避	1 偶爾逃避	2 中度逃避	3 經常及廣泛地逃避	4 極度逃避（不出家門）
5. 以上強迫思想或行為干擾到你的學業成績、工作或社交生活、居家生活至甚麼程度？	0 沒有干擾	1 輕微干擾	2 中度干擾	3 嚴重干擾	4 極嚴重干擾

計分方法：

若你在（甲）的部分有兩項或以上的「是」，並且在（乙）的部分在 5 分或以上，你可能要去尋求專業協助作進一步的診斷與治療。

以上的自我篩檢測驗由美國佛羅里達大學教授 Wayne Goodman 發展，內容取自 OCD Action (n.d.)，而中文譯版參考自台灣高雄仁華診所網站 (n.d.)。此測驗僅供篩檢之用，並非正式臨床診斷；若有任何疑問，請諮詢心理學家或精神科醫生，以取得最可靠和切合的診斷。

三・應對方法

臨床強迫症的治療方法中，以暴露與反應預防 (Exposure and Response Prevention) 最為有效；但此治療需由合資格的專業心理學家或輔導人員進行，而一般對生活沒有造成太大干擾的強迫思想及強迫行為就可嘗試用以下策略來應對。

認識自己的憂慮：

每三個強迫症患者，當中便有一個是因壓力或憂慮事件而發病；所以要應對及預防強迫思想與強迫行為，最好的處理方法便是積極地面對自己的壓力與憂慮。我們可以嘗試把心中的壓力與憂慮用紙筆寫出，列出一張「壓力與憂慮清單」，如：預防細菌滋生、防止家居意外等，注意一定要用紙筆寫出來，因為只有用紙筆寫出，才能幫助自己更有系統地客觀分析每個憂慮。

認知可控範圍：

下一步我們需判斷這個憂慮是否在自己的能力範圍內可以解決，如果這個情況可以自己解決，便在「壓力與憂慮清單」這件事的左邊打個「✓」。如果是目前不能解決的事情，便在「壓力與憂慮清單」這件事的左邊打一個「✗」。當清單上所有問題都被分析過，然後按其重要性及迫切性將它們依次排序，目前能解決而又最重要的排第一、之後的排第二、第三，如此類推。

確立具體的應對策略：

當決定了「壓力與憂慮清單」事件的優次與掌控範圍之後，我們便可逐項檢視那種應對策略可以有效減低其焦慮感。建議為每項策略定下具體方案與頻率，因為將抽象概念量化，有助理性思維，亦可容易對焦慮產生掌控感，例如要預防細菌病毒滋生，可以訂下每星期用 1:99 漂白水消毒家具 1-2 次。

學懂放慢觀察：

我們要明白很多時憂慮感是處境性的，例如當有傳染病大流行時，不少人起初都會擔心自己受到感染而變得相當憂慮；但當過了一段時間後，生活經驗會告訴我們安全與否，焦慮感往往也隨之降低。因此在寫完憂慮清單之後，嘗試跟自己講「不要着急，我會慢慢觀察，然後逐一解決問題！」在觀察過程中，亦可探索自己擁有的資源，如伴侶、家人、朋友可以如何協助自己，有時當我們有機會將憂慮的事情講了出來之後，內心會變得輕鬆。

四・為甚麼有這個情緒出現？

在精神病理學中，強迫症包括了強迫思想 (Obsession) 與強迫行為 (Compulsion) 兩個部分，因此英文名稱為 Obsessive-Compulsive Disorder，而簡稱則是廣為人知的 OCD。強迫思想一詞最早記錄可追溯至十七世紀，當時的歐洲人認為強迫思想多數與褻瀆宗教的罪疚感有關，當時許多天主教神學家都建議信眾嚴格服從自己的屬靈老師 (Spiritual Teacher) 來克服其宗教顧忌 (Scruples)，部分信眾會反覆懷疑自己的行為是否道德。直至十八至十九世紀，有西方醫生初步描述一些宗教以外的強迫思想與行為，包括反覆清潔、檢查，以至對性病如梅毒的恐懼等。到十九世紀末，精神分析學派之父 Sigmund Freud 正式紀錄與分析強迫思想，並首度以強迫精神衰弱 (Obsessive neurosis) 作記載，他認為強迫思想是一種適應不良的自我防衛機制，部分人會用強迫思考或行為來應對一些不可被自己良心或現實接受的衝突與焦慮。反之，強迫思想及強迫行為較少在華人歷史中提及，直至上世紀中期隨西方精神學及心理學知識傳入，強迫症概念才慢慢開始在華人社會落地生根。

根據美國《精神疾病診斷與統計手冊–第五版》(The Diagnostic and Statistical Manual of Mental Disorders，DSM-5)，「強迫思想」包括一些不斷持續出現的思想、影像或衝動，這些思想會令人感到不安、不恰當或無法控制；而「強迫行為」可包括明顯而費時的外顯重複行為（如洗手、檢查、重複地整理事物等）或內隱的心靈活動（如點算數量、

祈禱或自言自語地說某些單詞等），強迫行為的出現有時是為了擺脫焦慮，有時是為了避免那些強迫思想中的結果。

根據美國心理學家 Orval H. Mowrer (1947) 的二因子迴避學習理論 (Two-process theory of avoidance learning)，第一因子涉及古典制約 (Classical conditioning)，當中性刺激 (Neutal stimulus) 通過古典制約與一些令人畏懼的思想聯繫起來，就會引發焦慮感；例如，觸摸門柄或與其他人握手時可能與「極度懼怕被病毒感染」的想法有關，這個意念會令當事人因碰到「骯髒」的物件而變得極度焦慮，因此觸動了洗手行為去中和其焦慮感。若當事人發現重複洗手可以大大減輕其焦慮感時，這就間接正向增強了洗手行為，此時 Mowrer 理論中的第二因子涉及的正向增強 (Positive reinforcement) 便造就了強迫行為，日後當類似的「骯髒」刺激主觀地再度出現時，當事人就得靠這個洗手行為去「幫助」自己減輕焦慮，久而久之演變成慣性和重複的強迫行為。

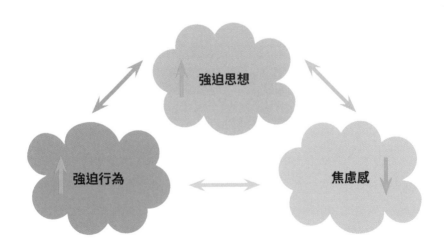

然而，單單出現上述的強迫思想或強迫行為不等於患有強迫症，正如本節開頭所論述我們每個人也有一些日常的「強迫小習慣」，若我們能談笑風生地與他人分享，很可能表示這些小習慣對我們的日常生活沒有造成多大影響，我們便毋須過於擔心。

強迫行為或可緩解那些來自強迫思想帶來的焦慮，但若發現進行這些行為的過程中並不快樂，而自己開始無法控制這些想法或行為，同時每天要花長時間（一小時或以上）糾纏在它們上，就表示這些強迫性思想或行為干擾了我們的日常生活，例如因進行強迫行為而導致上學、上班遲到；或因重複的強迫思想而使注意力散渙，影響學業或工作表現等，就顯示情況較嚴重，需要尋求心理學家或精神科醫生作進一步評估或治療。儘管如此，有研究 (Steketee & Barlow，2002) 表明正常和異常的強迫思想和強迫行為可用連續體 (Continuum) 概念去理解，其主要區別在於出現頻率與強烈程度，以及強迫思想和強迫行為可否受控及會否造成困擾。事實上，最近的一項全美國合併症調查研究發現超過 25% 的人曾在生活中某個時段經歷強迫思想或強迫行為 (Ruscio 等，2010)。

五‧有甚麼可預防和注意？

鑑於壓力和憂慮是引發強迫症的主要誘因，因此預防強迫症的最好方法就是學習和練習多種放鬆技巧。

練習放鬆技巧：

每天利用 10-15 分鐘進行腹式呼吸、靜觀練習、漸進肌肉鬆弛均可有效地減低焦慮與壓力，從而可以紓緩強迫思想與強迫行為。

建立社交支援網絡：

面對壓力與憂慮事件，不妨在日常社交嘗試開放自己，找一些可信任的人，包括伴侶、家人、朋友、同學、同事傾訴，有時會在分享過程中得到啟發，有助探索減低壓力與憂慮的應對方法。

練習感恩的心：

正向心理學家 Martin Seligman (2011) 發表的研究發現堅持每日寫三件感恩事的人，百分之七十的幸福感都有所提升，而同時焦慮感也隨之下降。建議大家常懷感恩之心，每天反思自己經歷過的好人好事，不但可提升幸福感，亦可慢慢確立自己的優點與能力感，從而增強應對壓力與焦慮的能力。

六・應用例子

在家庭、學校以及職場中,重複的、持續存在的強迫思想及強迫行為可能令當事人或身邊的人導致明顯的困擾和焦慮。在應對這種情況時,建立理解和支持的環境至關重要,建議可多利用同理心回應技術及協助對方建立具體、可控的應對策略。

家庭層面

家庭成員在面對強迫思想及強迫行為時,家人可以通過鼓勵開放的溝通,以及提供情感上的支持來幫助患者應對強迫症狀。

對話例子:

女兒:「我知道媽媽你對於確保家中每樣物品都處於特定位置上感到焦慮,有時我們未必能夠做到 100 分,但我們可以一起想想如何盡力做到 80 分、90 分,你認為我們貼一些貼紙作標記有幫助嗎?」

學校層面

在學校,對於有強迫思想及強迫行為的學生,教師和同學可以通過接納和鼓勵,幫助患者建立自信心和正確的應對策略。

對話例子:

老師:「我明白你對於完成作業時需要重複檢查的習慣,我們可以在課後找個時間討論一下,看看我們能否設立一個你與我都能接受的方案,例如為檢查作個合適的時間限制來處理這種情況,你認為如何?」

職場層面

在職場上，同事和主管應該為有強迫思想及強迫行為的人給予一個開放的溝通環境，讓當事人感到可以自由表達自己的需求和困擾。

對話例子：

主管：「我知道你對於工作中的細節要求很高，有時工作到很晚，我們也要確保你的健康和幸福，我們能討論一下是否有任何幫助或工作調整，讓你平衡到工作與休息的？」

參考資料：

American Psychiatric Association. (2013). *Diagnostic and statistical manual of mental disorders (5th ed.).* American Psychiatric Publishing.

Mowrer, O. H. (1947). On the dual nature of learning—a reinterpretation of conditioning and problem solving. *Harvard Educational Review, 17,* 102–148.

OCD Action. (n.d.). *Do I have OCD?* https://www.ocdaction.org.uk/do-i-have-ocd/6

Pallanti, S., Castellini, G., Chamberlain,S. R., Quercioli, L., Zaccara, G., and Fineberg, N. A. (2009). Cognitive event-related potentials differenziate schizophrenia with obsessive-compulsive disorder (schizo-OCD) from OCD and schizophrenia with-out OC symptoms. *Psychiatry Res., 170,* 52–60.

Ruscio, A. M., Stein, D. J., Chiu, W. T., & Kessler, R. C. (2010). The epidemiology of obsessive-compulsive disorder in the National Comorbidity Survey Replication. *Molec. Psychiatry, 15(1),* 53–63. Doi:10.1038/mp.2008.94

Seligman, M. E. P. (2011). *Flourish.* New York, Free Press.

Steketee, G., & Barlow, D. H. (2002). Obsessive-compulsive disorder. In D. H. Barlow (Ed.), *Anxiety and its disorders* (2nd ed., pp. 516–50). Guilford.

仁華診所 (n.d.)。《評量表檢測》。https://www.heartconsult.tw/detection-form/

羞怯

一・羞怯的特徵

廣東話中有「怕醜」一詞，顧名思義，「怕醜」可解作「害怕會出醜」。同樣地「羞怯」一詞中，有「羞」也有「怯」，照字面看來好像就是害怕或擔心自己會在特定情況或人物前有羞於人的意思。但是，羞怯真的是一個如此顯淺的情緒狀態嗎？當孩童被父母帶到親戚家裏時都會被要求在進門時與人打招呼以示禮數，哪孩童羞於叫人的尷尬，與懷春少女 / 少年在暗戀對象前的害羞又是同一種情緒嗎？如果是的話，他們「怕」的又是甚麼樣的「醜」？

事實上，羞怯 (shyness) 是一個很複雜的情緒狀態，不同學者對羞怯的定義有些許不同，但對於羞怯的描述都會提及「不自在感」及「想逃離現場」的反應。心理學家 Lynne Henderson 及 Philip Zimbardo (1998) 於 *Encyclopedia of Mental Health* 的形容，羞怯可被定義為於人際關係中體驗到不自在 (Discomfort) 及抑壓 (Inhibition)，而這些感覺會不同程度地影響個人於這些場合上的表現。羞怯可視為一種過度的自我注意 (Self-focus)，當我們羞怯時，我們的心神及意識會被自己當時的反應所佔據。羞怯的反應因人而異，可以行為、認知、生理反應及情感四個範疇來分類（見 p.69 圖 1）。

值得一提的是，「羞怯」的光譜很廣闊，由輕微的不自在至所謂的社交恐懼都能歸納為羞怯。而其實幾乎所有人都必定體驗過羞怯，所以我們要小心不要把羞怯定性為一種問題甚至是疾病。美國心理學之父 William James 認為羞怯是人類的其中一種本能，也有其他學者指出羞怯是其中一種基本的人類情緒。

圖 1 - 羞怯的特徵

摘自 Henderson & Zimbardo (1998)

行為	生理反應	認知	情感
猶豫、被動及消極	心跳加速	對自己處境及其他人有負面的想法	尷尬及痛苦的自我察覺 (self-consciousness)
迴避他人的眼光	口乾	害怕出洋相及被人負面批評	羞恥
避開懼怕的場合	震動或搖擺	擔心、反芻思考、要做到最好	自我價值低
說話輕聲	流汗	自責傾向，特別於社交活動之後	失落及憂傷

行為	生理反應	認知	情感
細微的身體移動或過量的點頭和微笑	感覺頭暈肚痛及心悸	認為自己是弱小的而其他人是強大的，這些認知通常難以察覺	孤獨
難於啟齒	對當前的處境感到不真實或抽離	負面的自我概念，例如：我是能力不足的、沒人喜愛的、不夠吸引的	抑鬱
緊張的行為例如觸摸自己的面龐及頭髮	害怕失控、瘋狂或心臟病發	相信社交場合上有一套「正確」及「應該」要達到的標準	焦慮

羞怯的運作：

如上述所言，羞怯是一個複雜的情緒並包含很多不同的其他情緒。根據社交適能理論 (Social Fitness Mode；Henderson，2004)，羞怯的運作是一個惡性循環，其中包含着恐懼、羞恥及憤怒。首先，當羞怯的人面對或預計會面對的社交場合時，他們會感到恐懼及產生負面的認知，這些會進一步增加他們對社交場合負面的預期，再進一步提升他們的恐懼。很多時羞怯的人會在這階段選擇逃避社交，雖然那樣可以紓緩即時性的恐懼，但羞怯的人同時會為自己的逃避感到羞恥及自責。這時候，社交場合中的其他人在羞怯的人眼中會變得可怕。羞怯的人會開始責怪其他人不為自己着想及不關心自己，並感到憤怒。這幾種負面情緒及相應的認知不斷互相影響，令羞怯的人的負面情緒像雪球一樣愈滾愈大，並令到他們對下一次社交場合抱有更負面的想法。

二・自測

其實每個人都經歷過羞怯，而羞怯是一種正常的情緒反應。但有些時候，過度的羞怯可以令人無法好好發揮自己的日常表現，以下幾條問題，雖然並不是用來準確評估羞怯的程度，但如果你對以下問題的回應愈高分（1～5分），那可能表示你的羞怯會影響日常表現。

1. 我害怕在社交場合出醜。

2. 我常常在社交場合感到不安。

3. 如果我被人拒絕，我會認為是我做錯了甚麼。

4. 我擔心我的出醜會成為別人的負擔。

5. 我十分在意要得到別人的認可。

6. 社交場合過後，我會花很多時間去反思自己的社交表現。

7. 當我認為別人的反應比較負面時，我會負面地批判自己。

8. 在社交場合中，坐在一旁觀察別人比參與社交活動來得容易。

9. 我有時會在社交場合過後為自己的表現感到羞恥。

10.我會嘗試找出在社交場合中「應該」要怎樣的「正確」表現，然後嘗試跟着做。

*以上問題參考自 ShyQ 害羞問卷 (Bortnik 等，2002)，要注意上述問題並非完整量表，故測試結果僅供參考，並不能視為或取代臨床測試或評估。

☹ ☹ ☹ ☹ ☹

三・應對方法

雖然羞怯為正常的情緒反應，但過度的羞怯往往會影響我們的社交表現。研究指出，克服羞怯的有效方法包括接納自己羞怯的特質，及減少自我察覺。若羞怯的時候可試試以下方法。

穩定身心，把注意力轉移至身體的觸感：

在羞怯時，我們往往會有不同的思想、身體反應及情感，而這些反應會充斥着我們的意識。試試在這時把自己的專注力放在身體的觸感上，例如雙腳踏在地上的堅實感，或是背部被椅背支持着的穩定感。慢慢配合着緩慢而自然的呼吸，感受身體被支持着的體感，直至感到自己的羞怯反應平靜下來。

活用自己的幽默感，把羞怯誇張地演繹出來：

意義治療及存在分析 (Logotherapy & Existential Analysis) 的創立人 Viktor Frankl 曾以「過度反思」(Hyperreflection) 來理解人們的焦慮反應，當我們愈去意識我們的焦慮有否減退時，我們的焦慮反應就會愈大。在這基礎下，Viktor Frankl 提出一種「矛盾意向」治療技巧。他鼓勵人們盡可能把他們原想避免會發生的情況用最誇張的方式演繹出來。在他的治療記錄中，人們往往會發覺原來自己擔心的結果並不會出現，並會對自己原先所擔心的事感到無稽，甚至哈哈大笑。當我們能對自己的狀況發笑，能以幽默的角度去觀察自己的時候，我們將不再被焦慮困

擾。例如：一位小提琴家十分緊張自己在人前演奏的表現，擔心自己的手法不夠純熟，會出醜於人前。在「矛盾意向」下，小提琴家要在演出時盡量令自己的手指打結，要以最不純熟的手法去演錯每一個音調來達至最丟人的出醜。這項技巧的原理是希望人們可以打破「過度反思」的惡性循環，當我們不再去意識自己的羞怯反應，而是以玩味的態度去面對眼前的處境，我們會發現原來可怕的是恐懼本身。

四・為甚麼有這個情緒出現？

羞怯是與生俱來的一種特質：

關於羞怯的成因，不同學派都有不同的觀點與理論。研究性格特徵的學者認為羞怯是與生俱來的，心理學家 Raymond Cattell 認為有一些人天生對外在威脅很敏感。他解釋這一類人的神經系統天生就比較容易受刺激，從而對被認為是威脅的處境及衝突十分敏感，並驅使這類人迴避這些情況。其實羞怯甚至可以認為是生物進化出來的其中一種特質，進化生物學家曾發現，有些魚類對於「新奇」的捕魚器比較好奇並會上前探索，有些則十分敏感及警惕，這些「羞怯」的魚的存活機會大大提高。但在另一個情況下，當這些魚被放到人工飼養的環境，外向又好奇的魚很快便適應了新環境並開始吃魚糧，但敏感又警惕的魚卻在數日後才能夠適應及願意進食。以此推論，「羞怯」的神經系統可被視為一種協助物種存活的進化機制，而在此觀點下，一個人「敏感」與否很大程度是取決於遺傳基因。

羞怯是學習的結果：

除了遺傳因素外，行為學家認為羞怯也是一種從過去社交場合「學」來的驚慌反應。有可能使人學會羞怯的負面經驗包括：無論是親身體驗或是觀察別人於公開場合下「出醜」、沒有「應該及正確」的社交技巧，或是對自己表現或自身抱有負面思想。舉一個親身例子，筆者年幼時，身邊的人都很喜歡於親朋戚友聚會時吩咐小孩子當眾表演才藝。所以每當有聚會活動時，各家人的小孩子都會輪流表演唱歌、演奏樂器或跳舞。筆者還記得曾經有一位小女孩被媽媽吩咐表演豎琴，可能是過分緊張的關係，小女孩未能完美演奏，而換來的是媽媽一臉不滿的表情。筆者對這表情印象深刻，而回到家後更聽到家人對每位小朋友的表演評頭品足作出比較。雖然筆者從未受到家人直接對自己的批評，但這些經驗亦慢慢令筆者越來越緊張自己的表現，擔心自己表現不佳會令家人蒙羞，或是表現不好會出醜，而慢慢不願意出席這類型的活動或拒絕表演。根據以上例子，我們可以看到羞怯是怎樣學會的。

對羞怯的負面看法是一種文化產物：

既然羞怯是人類與生俱來的一種機制，為何我們好像都對羞怯有着負面的評價呢？其實很多時都與擔心自己會被否定或認為自己的社交技巧欠佳有關。香港受到東西方文化的影響，很多時會把現代商業社會所推崇的「外向」、「有口才」或「social」與西方個人主義下提倡的「個人能力」掛鈎。同時，在傳統中國文化上，我們亦受集體主義下的「團體先於個人」的文化影響。於是 / 所以在兩種文化交互影響下，當我們在社交場合「出醜」時，我們會認為這不但反映個人能力不足，更會令所

屬團體或家人蒙羞，故我們甚至社會都會對「羞怯」標上一個負面的標籤。而正因為我們身處的社會抱有這種文化，如果我們天生的神經比較敏感，而在年紀很小的時候就不斷聽到「要大膽啲」或「唔好咁怕醜」這類評語，會使我們進一步「學懂」怎樣羞怯。

五・有甚麼可預防和注意？

既然羞怯有可能源於生理的構造及後天的經歷，克服羞怯就需要自我認識、自我接納及練習。

認識羞怯：

· 明白羞怯是情緒的一種，它並不只是一種負面的狀態，它對於我們的生存亦有一定的作用。

· 羞怯可能源自遺傳而來的生理結構，試着去接受自己這一部分，因為這羞怯可能正正是你其中一個獨特的個人特徵。

· 明白羞怯的運作機制及「過度反思」所引致的更強烈的羞怯反應，以更有彈性的思維去理解及面對。

練習留意自己的身體觸感：

身體觸感很多時能幫助我們的意識回歸「此時此地」，讓我們不再迷失於羞怯、焦慮或緊張當中。多練習留意自己步行時腳板的觸感，或是坐在椅子上時臀部或背部的觸感，那當我們在羞怯時就能更快掌握如何轉移我們的注意力及意向。

在腦中練習如何面對社交場合：

試試在自己將要面對社交場合時，在事前想像一下將會面對甚麼人、甚麼情況，再想像一下自己可以如何去面對、回應及對答。這種「心理預演」可以提升我們面對預想情況中的信心，從而改善我們的表現。當我們累積更多正面的經驗時，我們面對社交場合的信心也會隨之增加。

六・應用例子

現代社會一般較推崇「外向」或「主動」的個人特質，比較羞怯的人往往會在學校、職場甚至家庭中面臨不同的挑戰或壓力。例如在學校中，比較羞怯的人會被標籤成不善交際或俗稱的「摺」；在職場上可能會被當作不合群又不懂為自己爭取或解釋；在家庭也可能會因為不敢表達自己而被家人誤會。

與較羞怯的人相處時，我們可以給予他們較多的耐性及接納，慢慢讓他們以自己的步伐去體會不同社交場合中的樂趣及困難，並不加批判地與他們發掘面對這些困難的方法及欣賞他們的嘗試。而羞怯的人亦可以多加提醒自己，在社交場合中其實未必會發生自己害怕或擔心的事，反而可以專注於社交的活動中。

家庭層面

充滿接納、尊重及欣賞的家庭關係可以說是羞怯的良藥。如果對外界敏感本身是一種個人特質的話，那麼外界（如家人）對這些特質的排斥及

批判便可能進一步使人變得羞怯。如家人比較羞怯，我們可以嘗試聆聽一下他們內心的想法，即使有時候他們所想的我們未必同意，也無需要去批評或責罵，但可以先去欣賞他們有嘗試表達自己，再平靜地跟他們溝通。一段紮實的關係可以讓我們感到有一個避風港，如果我們可以在家中締造一個互相支持並可安心表達自己的空間，那麼我們可能在這個充滿風浪的世界亦可會覺得比較安心踏實（Anchored）。

如果家人願意提供這樣的一個避風港，即使羞怯，我們也可能會比較有勇氣去表達自己，而這種勇氣可以透過慢慢累積的成功經驗逐漸提升，讓我們可以更有信心去面對不同的社交場合。

學校層面

比較羞怯的同學在學校中有時可能較難交朋友並給予人「孤僻」的感覺。老師如察覺到這些同學的特質，可以嘗試關心一下他們並與他們慢慢建立關係。老師可以了解一下他們的擔心或難處，並一起討論他們可以嘗試的方法。但也要注意不要過度將他們的特質病態化，因為可能對有些人來說，獨處或離開群體反而會比較自在，而我們亦需要尊重他們選擇的步伐。要知道有時候最能夠幫助他們面對人際關係的，就是一些他們可信任的關係，而在關係中互相尊重正正是建立信任中重要的一環。

同學一般都可以在學校中識別到氣質相近的人，而比較羞怯的同學可能會比較容易跟相近性格的人相處。老師可以幫忙建立一些渠道讓這些同

學互相認識，例如透過小組形式讓他們先建立關係，但也不宜過度催逼。

羞怯的同學自己又可以做甚麼呢？有時候即使有人幫助，我們還是需要自己踏出第一步的。同學可以嘗試訂立一些在社交場合中可達成的目標，而這些目標是清晰及可做到的，例如：今天回到學校的時候可以與認識的同學主動打招呼。當連續幾天做到這個目標後，便嘗試跟他們問好，然後再嘗試跟他們有一些簡短的對話，如此類推，慢慢幫自己累積正面的社交經驗。

職場層面

在職場中，良好的同事關係往往與公司的競爭力掛鉤。但「良好」的關係不代表同事間必須親近的相處，而是互相尊重同事個人的特質。所以管理層更應該強調了解及察覺每一位同事的特質，而並非單方面要求同事必須以特定的方式去工作或表達自己。

而羞怯的人即使個人工作能力優秀，但幾乎都避免不了要與人相處。他們可以想像一下在社交場合可能會遇到的情況，並在心中預演一下面對的方式。例如：要與客戶商談時，他可能會有甚麼疑問？要怎樣回答才能令對方滿意？預先設想一下不同的情況，可以更有效的在工作中表達自己。

參考資料：

Bortnik, K., Henderson, L. & Zimbardo, P. (2002, November). *The Shy-Q as a measure of chronic shyness: Associations with interpersonal motives, interpersonal values, and self-conceptualizations.* Poster session presented at the 36th annual conference of the Association for the Advancement of Behavior Therapy, Reno, NV.

Cain, S. (June 2011). Shyness: Evolutionary tactic? *The New York Times.* https://www.nytimes.com/2011/06/26/opinion/sunday/26shyn

Carducci, B. J. (June 2017). Everything you ever wanted to know about shyness in an international context: A discussion on shyness and its cultural explanations. *Psychology International Newsletter.* https://www.apa.org/international/pi/2017/06/shyness

Frankl, V. E. (2000). *Man's search for ultimate meaning.* Basic Books.

Henderson, L., Gilbert, P., & Zimbardo, P. (2014). Shyness, social anxiety, and social phobia. In S. G. Hofmann & P. M. DiBartolo (Eds.). *Social anxiety: Clinical, developmental, and social perspectives (pp. 95-115).* Academic Press.

Henderson, L., & Zimbardo, P. (1998). Shyness. In H. Friedman (Eds.) *Encyclopaedia of mental health (pp. 497-500).* Academic Press.

Zimbardo, P. (1977). *Shyness: What it is, what to do about it.* Addison-Wesley Publishing Company.

緊張

一 · 緊張的特徵

「一陣就要考試但未溫熟，好緊張。」

「頭先去見工，我緊張到連問乜都唔記得。」

「我媽真係一個緊張大師，成日怕我帶漏嘢。」

在華人社會，「緊張」是一項頗為「百搭」的情緒描述，尤其頻繁用於表達一系列在身處壓力下浮現的身心反應，例如「緊張到手心出汗」、「緊張到手震」、「緊張到瞓唔着」。「緊張」在英語中也有很多近義詞，例如 tense, tension, strain, apprehension, stress, nervous 等皆與緊張的狀態有關。American Psychological Association （2020a，2020b）則將情緒緊張 (Emotional tension) 與情緒應激 (Emotional stress) 並論，是「由危險、威脅、喪失人身安全或內在衝突，或挫敗感、喪失自尊心和悲傷，所造成的心理壓力和不安感。」

人類處於應激狀態下的緊張，常會同時出現身體徵狀，例如胃痛、肌肉僵硬、關節痛等。而長期緊張更發現與免疫力不足和不同的健康問題有關。

不少接觸心理學的讀者也有疑問，「緊張」與「焦慮」有甚麼不同？坊間不少有關情緒的介紹，都經常將「緊張」與「焦慮」兩者相提並論，例如醫院管理局（2015）指出，緊張是屬於形容焦慮的感覺；Spielberger 等 (1970) 則認為「焦慮是個人對緊張和壓力的主觀了解和感覺」。

其實兩者互為關聯，我們可嘗試從不同維度理解：

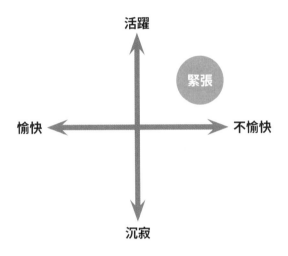

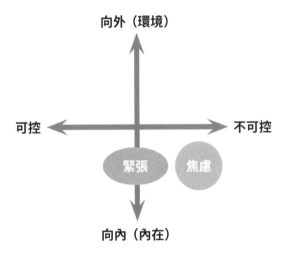

上述圖表的概念源於 Russell (1980) 著名的情緒環狀圖，另引用 Chan (1985) 提出的可控性維度及指向性維度，顯示緊張在各情緒維度的位置。

愉快 (Pleasantness) ⟺不愉快 (Unpleasantness)：在這項維度中，緊張普遍被認為是帶來不愉快感的一種情緒 (Russell，1983)。

活躍 (Arousal) ⟺ 沉寂 (Sleepiness)：在這項維度中，緊張的情緒體現偏向活躍激揚，可以從很多身體反應的浮現而覺察 (Russell，1983)。

向外 (Directed outwardly at the environment) ⟺向內 (Directed inwardly at the self)：緊張時，個體的注意力是向內指向自我，而非向外指向環境。

可控 (Controlled) ⟺ 不可控 (Uncontrolled)：這項維度中，緊張在情緒表達上游走於可控與不可控之間（需視乎壓力來源的嚴重程度）；而焦慮相對於緊張，較傾向於不可控。

如要區別「緊張」與「焦慮」，兩者一項較明顯的差異，在於情緒的可控程度。舉例說，很多人在面對重大事件（例如失業、面試、應考、台上演講等）會緊張，出現手腳顫抖、胸口翳悶、腸胃不適等等，但當壓力源消失了，例如事件終於完結、過程順利或遠離該環境，這些緊張反應也會隨之消退，鮮有殘留一整天甚至數天。一般而言，緊張在程度上會與事件的嚴重性相稱，也較容易調適，持續時間較短，對生活產生的影響不大。

二‧自測

引發緊張的壓力來源、緊張的強度每人都各有不同,難有一套工具可以簡單量度緊張是否影響到生活。但我們可回想容易令你緊張的場景,統計一下那些反應會時常出現:

試回憶你會感到緊張的場景,回答下列的緊張反應有多經常出現

	沒有出現	很少出現	有時出現	經常出現	每次都出現
我感到唾液分泌增加	1	2	3	4	5
我感到額頭發緊	1	2	3	4	5
我呼吸比平常急促	1	2	3	4	5
我的心跳比平常加快	1	2	3	4	5
我有些肌肉收緊僵硬	1	2	3	4	5
我的手心冒汗	1	2	3	4	5
我感到整個人在發熱	1	2	3	4	5
我出汗比平常多	1	2	3	4	5
我感到頭痛	1	2	3	4	5
我頭腦無法思考	1	2	3	4	5
我感到害怕	1	2	3	4	5

計分方法:每題分數愈高,表示緊張反應頻繁地出現,請注意是否影響日常生活。如上列緊張反應頻繁出現,而且在壓力來源消失後緊張感仍然難以消退,請諮詢專業人士如心理學家或精神科醫生的意見。

* 以上僅協助統計各類緊張反應的出現頻率，並非正式心理評估量表，只建議用作個人參考。若有任何疑問，請諮詢專業人士如心理學家或精神科醫生，以取得最可靠和切合的診斷。

三・應對方法

緊張雖是人類的本能反應，而過度緊張則影響生活諸事表現及身心健康，我們可如何減輕緊張感？

適量提升心理控制感：

相信自己能夠控制壓力來源的信念，有助個人應對緊張情緒。這種信念稱為心理控制感，即相信自己能夠決定自己的行為，可影響外在事件的發展趨向預期的結果；例如，我們無法控制交通擠塞導致遲到，但我們能夠控制自己的出門時間和選擇交通工具避免遲到。當然，控制感是一種感知，並非萬事的靈丹妙藥，我們無法單靠控制感提升便令甚麼問題也能一個人解決，或者承擔超越自身能力的責任。過量的控制感反會成為壓力，更加痛苦。

靈活運用迴避與面對的應對方式：

面對壓力來源，有些人傾向使用迴避應對方式 (Avoidant coping)，有些人則傾向使用面對應對方式 (Approach coping)。這兩種方式各有優劣，如果我們採取了合適的應對方式及具體行動，都能有效地減少緊張感，例如因交通問題等不可抗力鐵定會在約會遲到，採用面對應對方式立即致電通知對方獲得答覆，可能會比採用迴避應對方式，打算抵達目的地

才向對方解釋的人，能更快地走出緊張狀態。反之，郊遊遇上具攻擊性的野生動物，裝備不足下似乎更適合選擇迴避應對，走為上着。

腹式呼吸和肌肉鬆弛法：

紓緩緊張反應方面，可透過反覆使用腹式呼吸和漸進式肌肉鬆弛法。當人受到壓力，激活「促進性」的交感神經系統，啟動身體出現心跳加快、呼吸急速等生理反應；反之，利用腹式呼吸和肌肉鬆弛法調慢身體節奏，則會帶動「抑制性」的副交感神經系統，帶來放鬆身體肌肉並將集中力轉移的效果。（詳細步驟見前文「焦慮」）

四・為甚麼有這個情緒出現？

緊張是面對壓力來源的應激反應，這可歸功於人類在體察到威脅時，通過交感神經系統和內分泌系統作用，迅速喚醒軀體的一系列生理反應；例如心跳加快、呼吸急速、肌肉收縮從而釋放更多能量，這使我們有能力去對抗威脅或者逃跑迴避威脅，被稱為戰鬥或逃跑反應 (Fight-or-flight response；Cannon，1915)。來到現代文明社會，即使我們已毋須經歷狩獵或被猛獸追殺等等生死關頭，但人類的本能仍然存在，威脅也隨之「現代化」變成了各種產生緊張的壓力源，例如趕交功課、電腦無法上網、同一天面對兩科考試、旅程延誤、被上司訓斥等。

雖然緊張以及其相關連的身體反應有助我們進入「戰鬥狀態」，但它畢竟只是一種應急機制，日常生活難以長時間保持高度戒備。有研究指長期處於緊張狀態，會破壞情緒及心理機能，發展成慢性勞損 (Chronic strain)，引發健康問題。在應激反應中，荷爾蒙腎上腺素和去甲腎上腺素的分泌會突然升高，如長期過度釋放，也會抑制細胞的免疫功能及增加其他健康風險 (McCarty，2016)。

美國城市弗雷明翰就曾對 3600 人進行為期 10 年的追蹤研究，發現緊張或焦急狀態會提升患上冠心病和心房顫動的風險 (Jenkins，2005)。其中經常處於緊張狀態的成年男性，患上冠心病風險上升 25%，心房顫動風險上升 24%，整體死亡率也高 23%。

五・有甚麼可預防和注意？

識別引致緊張的壓力源：

面對未知，抱有不安是人之常情，但是我們能否從「未知」中摸索「已知」呢？例如，你是否在特定環境下特別容易緊張？例如有些人只在面對階級更高的人才會緊張、對平輩則不然；又或者面對未能控制的場景，例如遭遇交通擠塞即將遲到而特別緊張？事先估算行車時間及行走路線，又是否可以減低遲到的機會？先探究自己在甚麼時、地、人組合下容易緊張，才能對症下藥，找出不令自己墮進緊張狀態的方法。

發展應對的緩減緊張方法：

每個人都有自己的一套減壓方法，有人會在考試前聽音樂或呼吸法輔助集中、有人會尋找信任的人傾訴、有人會以幽默感講笑話減輕緊張、有人會專注清潔家居分散對壓力來源的注意力、也有從宗教信仰中尋找寧靜。沒有一項萬能的應對方法，但總會有適合你的應對方法。

避免消極的自我對話：

你身邊會否有位經常提到「死喇死喇」、「我實做唔到」的朋友？又或者你也經常將這些說話掛嘴邊？頻繁使用消極的自我對話，容易誘發非理性情感，牢牢記着這些負面「關鍵詞」，也可能讓壓力持續存在，引致我們更難走出緊張感（以及其他不愉快的情緒），形成惡性循環。有文獻指出消極的自我對話會帶來身體機能的影響 (Morin，1993)，還會在不經意間使自己的負面「預言」成為現實 (Weaver 等，1988)。

六· 應用例子

誠如前文所言，「緊張」與「焦慮」互為關聯，而「緊張」傾向對具體事件的應激反應，很多時會在事件受控制後或結束後，減退消失。以下是一些「緊張」情境配合應對的例子。

家庭層面

當你要負責準備一個家庭燒烤聚會，你卻對安排活動、準備食物或確保每個人都能享受而感到緊張。你擔心是否有足夠的食物供應，或者是否

有足夠活動來娛樂大家。

善用面對應對方式（Approach coping），例如製作準備清單，備註家人是否有例如素食、食物敏感的特殊需要；或者分配任務，讓其他家庭成員幫忙佈置場地。也接受過程不可能萬無一失，記住家庭聚會目的是讓大家（包括你自己）都可享受和放鬆，而不是追求完美。

學校層面

一項重要的課堂報告，即使你對題目已充份掌握，但你站上講台卻常常「發台瘟」（Choking），可能是擔心是否記住了所有內容，或者表達是否清晰，會否有觀眾提出意料之外的提問……

透過反覆使用腹式呼吸，這可幫助你低調地調整身體節奏並專注於報告。若已對題目內容有相當了解，更可預習萬一忘記講稿，如何自由地談論你的主題。如果有人提出你沒有預料的問題，不妨老實承認，準備一些罐頭回應例如：「這是個好問題，我現在沒有答案，之後我會找出答案」，讓你能保持著節奏，提升心理控制感。

職場層面

你是一名軟件工程師，正為一項新產品的發佈日趕工。你對能否趕上截止日期完成所有工作感到緊張，也擔心是否有足夠時間測試和修復所有錯誤，或者產品能否滿足客戶的要求。

你可能發現工作時聽着輕音樂，疲累時小睡半小時等等小習慣會有助集中；而事先與部門商議好時間表，也確保了你有足夠時間完成每一項任務，或當意外地無法及時完成所有任務，也按優先順序確保首先完成最重要的部分。把大任務分解成更小、更易於管理的任務，提升心理控制感，客戶也更容易追蹤進度。

參考資料：

American Psychological Association (2020a). *What's the difference between stress and anxiety?* https://www.apa.org/topics/stress-anxiety-difference

American Psychological Association (2020b). *Emotional stress - APA Dictionary of Psychology.* https://dictionary.apa.org/emotional-stress

Cannon W. B. (1915). *Bodily changes in pain, hunger, fear and rage.* Appleton & Company.

Chan, D. W. (1985). Perception and judgement of facial expressions among the Chinese. *International Journal of Psychology, 20,* 681-692.

Jenkins, R. (2005, October 14). Tension, anxiety raise cardiac risk. *Australian Doctor, 5.*

McCarty, R. (2016). The fight-or-flight response: A cornerstone of stress research. In G. Fink (Ed.), *Stress: Concepts, cognition, emotion, and behavior* (pp. 33-37, Chapter xiii, 487 Pages) Elsevier Academic Press.

Morin, A. (1993). Self-talk and self-awareness: On the nature of the relation. *The Journal of Mind and Behavior, 14*(3), 223-234.

Russell, J. A. (1980). A circumplex model of affect. *Journal of Personality and Social Psychology, 39,* 1161-1178.

Russell, J.A. (1983). Pancultural aspects of the human conceptual organization of emotions. *Journal of Personality and Social Psychology, 45,* 1281-1288.

Spielberger, C. D., Gorsuch, R. L., & Lushene, R. E. (1970). *The state-trait anxiety inventory.* Consulting Psychologists Press.

Weaver, R., Cotrell, H., & Churchman, E. (1988). Destructive dialogue: Negative self-talk and positive imaging. *College Student Journal, 22*(3), 230-240.

醫院管理局 (2015).「兒情」計劃。香港：葵涌醫院。https://www3.ha.org.hk/CAMcom/channel.aspx?code=issue1#a2

沒有安全感

你感到安全嗎？客觀而言，香港是一個相對安全的地方，我們不受戰火威脅，也甚少致命天災。然而，身體上安全，未必等同心靈感到安全。抱着枕頭、毛公仔或被子才能安然入睡不只是小朋友的專利，事實上，很多成年人也會藉着擁抱一些熟悉的物件，而獲得一種無以名狀的安全感。

安全感是人與生俱來的需要，這種心靈需求在心理學中著名的依附理論中可見一斑。美國心理學家 Harry Harlow 對恆河猴所做的著名實驗系列顯示依附不僅僅是由生物本能所激發，而是基本的心靈需要。在這一系列實驗中，新生恆河猴出生後從母親身邊被帶走，並為牠們提供了一個由鐵線做成、另一個由木頭套上泡沫橡皮和毛衣做成的象徵母親，兩個人偶皆加溫並在胸前裝上奶瓶提供食物。結果是這些猴子把大部分時間花在依附有柔軟衣物的人偶上，而這些猴子在柔軟衣物人偶的附近時也較為積極探索周遭。這不僅證實渴望得到安全感是從嬰孩時已開始需要，也顯示了當嬰孩獲得安全感時，會以安全感為基礎，從而積極的探索世界。人本主義心理學家 Abraham Maslow 提出的人類需求五層次理論 (Maslow hierarchy of needs) 不謀而合，認為人們活着及成長會受

不同的動機驅使，而人們會先由最低層的需求開始追求，當中安全需求 (Safety needs) 屬於第二層的需求，較為低層，可見他認為安全感對於人們而言屬於基本需求，只有於人們感到安全時，才能於生命中有其他更高層次的追求。

一·沒有安全感的特徵

安全感是決定心理健康的重要因素。生活充滿了不確定性和不可預測性，安全感不僅取決於物質上的滿足，同時也與心理上的感覺息息相關。情緒安全感 (Emotional security) 較低的人潛意識中認為自己不被接受，因此他們會充滿恐懼和焦慮，這種擔心會影響他們對四周環境的感覺及認知，認為世界不安全，亦害怕其他人會傷害自己。 這種感覺會令我們產生負面思想，例如認為「所有人都是不懷好意的」、「沒有人值得信賴」等等。這會妨礙我們的日常生活、工作及社交，形成惡性循環。

二・自測

	非常不同意	不同意	不確定	同意	非常同意
1. 感到生活總是充滿不確定性和不可預測	1	2	3	4	5
2. 時常感到莫名的害怕	1	2	3	4	5
3. 與他人相處時常常感到憂慮	1	2	3	4	5
4. 總是擔心會發生甚麼不測	1	2	3	4	5
5. 覺得世界並不安全	1	2	3	4	5
6. 總是擔心親密關係以後會變壞	1	2	3	4	5
7. 害怕與他人建立並保持親近關係	1	2	3	4	5
8. 常常擔心自己的思維或情感失去控制	1	2	3	4	5
9. 時常感到沒有未來	1	2	3	4	5
10. 習慣隱藏自己的感受	1	2	3	4	5

* 以上的自我測驗是參考自 Davies 等 (2002) 的 Security in the Interpersonal Subsystem Scale 及 Maslow (1952) 的 Maslow's Security-Insecurity Inventory。本版本並非正式臨床診斷，只可用作非正式的參考資料。若有任何疑問，請諮詢專業人士如心理學家或精神科醫生，以取得最可靠和切合的診斷。

38 - 50 分：充滿危機和不安全感

你充滿不安全感、過於憂慮和壓抑，覺得世界並不安全，其他人也不可靠，害怕與他人建立親密關係。你對情感較為敏感，對很多事情都不能放心對待和接受。

24 - 37 分：或多或少的缺乏安全感

你或多或少缺乏安全感，世界及其他人對你而言總是帶着不確定性，因此與他人相處時會產生懷疑、較難全情投入。你亦容易感到憂慮及害怕。

10 - 23 分：有很強的安全感

你有很強的安全感，對世界及其他人的感覺較為正面。你認為世界是安全的，其他人也是可靠的，因此沒有過多的顧慮和擔憂。你也較有信心能掌控現在與未來。

三・應對方法

不安會讓人產生懷疑、感到害怕，質疑這個世界，也不確定自己是否值得被珍惜、愛護。而應對方法是找到不安全感的根源，當我們注意到容易引起我們不安的地方、人、事情，增加不批判的覺察，我們就可以慢慢從中找到令我們忐忑不安的原因，從而有效地針對自己的不安感，對症下藥。只要我們覺察自己的不安全感，就能防止不安全感牽着我們走。面對自己的不安，我們可以用以下的方法應對。

😣 😟 😕 😐 🙂

靜觀與覺察：

每天給自己 10 分鐘時間練習靜觀，讓自己安靜坐着，雙腳平放雙手自然輕放在大腿上，專注在呼吸，感覺自己，以不批判和好奇的態度去了解和接納自己的情緒與想法。

注意讓自己感到不安的時刻，以理性分析：

平靜下來時，注意讓自己感到不安的時刻，把令自己不安的事情及心情記錄下來。這長遠來說可以幫助我們了解自己的感受，更為覺察令自己感到不安的事情，有助我們找到不安的根源。

擁抱自己的不安：

接納不安是正常的情緒，只要了解自己不安的根源，我們就可以擁抱自己脆弱的一面，把不安轉化為令自己改善的動力。

1. **留意特別容易引起我們不安的地方**
   - 在人多的時候還是獨處的時候？
   - 在工作的地方、學校、還是家裏？

2. **留意特別容易引起我們不安的人**
   - 那些人會特別容易引起我們不安？
   - 家人、伴侶、朋友、老闆或同事、還是陌生人？

3. **留意特別容易引起我們不安的事情**

   - 過往曾發生的事情，還是對於將來未來臨的事情？
   - 在需要表現自己的時候，還是被忽略的時候？

4. **留意不安感在甚麼時候開始**

   - 從小已經開始，還是在長大以後才產生的？
   - 有沒有特定事情引發我們的不安？

四・為甚麼有這個情緒出現？

既然人皆需要安全感，為何有些人會特別容易感到孤單、常常渴望過度的關愛、不由自主的害怕被拋棄呢？根據 Bowlby (1988) 的依附理論，安全感有助於建構自我及調節情緒，當感到壓力或不快時能夠從依附關係中取得情感上的支持、安慰及釋放。健康的依附關係由與照顧者長期穩定的關係而產生，照顧者不一定是親生父母，也可以是其他可靠的照顧者，例如是祖父母、褓姆等。當嬰孩成長時，他會綜合與照顧者相處的經驗而建構內在運作模式 (Internal working model)，從而形成對其他人的認知，影響日後的人際關係。當嬰孩感到母親有些時候會突然離開而不知道甚麼時候才回來、不能長期在身邊照顧他，他會感到焦慮不安，容易建立「他人都是不可靠的」內在運作模式，日後與他人建立關係時亦容易受到這影響，而變得難以相信別人。

嬰孩時的經歷常常會影響日後對其他人的認知，研究發現，這些安全感缺失很大程度與家庭教養模式 (Parenting style) 有所關聯。美國臨床

心理學及發展心理學家 Diana Baumrind 提出了三種家庭教養模式和成長後性格特質形成的關聯。也就是說,若果嬰孩在需要被關心的時候被父母或照顧者冷待,那種被忽略的感覺會一直根植在情緒的記憶裏。長大後,每當與伴侶發展親密關係時,這種害怕被忽略和冷待的不安全感就會不由自主的滋長,常懷疑對方會否突然不愛自己、患得患失至無理取鬧、因小事而對感情悲觀失落,更甚者會對另一半的注意力過分苛求,並難以維持一段長久和安然的愛情關係。欠缺安全感長遠來說亦會影響心理健康,研究顯示,12-14 歲的青少年對父母有不安全型依附關係(焦慮矛盾型或是逃避型),會對父母感到不安,不確定父母是否珍愛他們,而這會令他們長大後有較高的機會擁有嚴重抑鬱徵狀 (Sund & Wichstrom,2002)。因此,如果我們在與他人的關係中總是感到忐忑不安、心裏難以感到安穩,或許我們應該從關係中找出令我們感到不安的來源,從而了解及減少我們的不安,建立正面的心理健康。

五・有甚麼可預防和注意?

每個人都會感到不安、恐懼,適當的不安會令我們處於一個較為警惕的狀態,但過量的不安會令我們時刻感到戰戰兢兢。在緩和我們的不安全感時,我們可以用以下的方法。

明白並非任何事都可操控:

不安全感源自不確定與自己對應付各種不確定的信心,要預防不安全感的來襲,可以先調理心態,了解並非任何事都可操控,接受並非任何事都可操控。

於人際關係中訂立合理的期望：

我們於人際關係中常常有着不同的期望，時刻檢視我們於關係中對他人有着甚麼期望，可以令我們反思這些期望是否合理，不合理的期望容易會令我們感到失望、不安，因此我們需要訂立合理的期望，於關係中建立更健康的認知。

為自己訂立實際可行的短期目標：

有目標的人更有動力，即使感到不安或心有恐懼都有更大的推動力去跨越。而當我們訂立目標時，可以把目標分為長期及短期目標，這有助我們實行起來更為可行，令我們感到事情較為容易掌控。

培養自己專長或發展個人興趣：

有自信和內心強大的人對不安的防預性更佳，而培養自己專長或發展個人興趣則有較提升自信和自我效能感。值得注意的是每個人都有不同的專長及興趣，不用過分與他人比較，最重要的是我們與內在的自己建立更強大的連結，使我們面對生活中的未知數時有更多的心理資源應對。

六・應用例子

家庭層面

健康的家庭關係可以令我們感到安全，讓我們感到值得信賴，願意分享自己的想法及感受。家長可以透過與孩子溝通，主動分享自己的想法及感受，並以不批判的態度鼓勵孩子分享，令他們感到安全、受尊重及值

得信賴。若家庭出現不和睦的情況,家庭成員應一起檢視家庭狀況,找出家庭所面對的困境,積極討論大家可以改善的地方。

學校層面

學生長時間於學校求學,健康的人際關係可以讓我們於學校中感到安全,當中包括與老師及朋輩維持正向的關係。我們可以保持不批判及開放的態度,主動表達對朋輩的關心,增強朋輩關係。我們亦可以透過參與校園活動以促進對學校的歸屬感,令我們增強對學校的安全感。同時,當我們感到不安時亦應主動尋找信賴的朋友、老師或輔導人員的協助,與他們分享自己的想法及感受,主動尋求應對方法。

職場層面

若我們於工作環境中感到安全,我們會較積極的學習及投入工作,願意主動與上司、同事進行溝通。職場層面的安全感需要不同單位的配合而建立,當中包括不批判及互相支持的工作環境、鼓勵嘗試的工作文化、互相信任的團隊成員等等。工作團隊可以鼓勵成員互相分享想法,令大家感到受重視及接納,於工作中共同學習及成長。同時,工作團隊亦可以建立關愛文化,主動關心團隊成員,促進團隊的關係。

參考資料：

Baumrind, D. (1991). Parenting styles and adolescent development. In R. M. Lerner , A. C. Peterson & J. Brooks-Gunn (Eds.), Encyclopedia of adolescence (pp. 758-772). Garland.

Bowlby, J. (1988). *A secure base: parent–child attachment and healthy human development.* Basic Books.

Davies, P.T., Forman, E.M., Rasi, J. A., and Stevens, K. I. (2002). Assessing children's emotional security in the interparental relationship: The security in the interparental subsystem scales. *Child Development, 73*(2), 544-562. https://doi: 10.1111/1467-8624.00423.

Harlow, H. F. (1958). The nature of love. *American Psychologist, 13*(12), 673–685. https://doi.org/10.1037/h0047884.

Maslow, A. H. (1942). The dynamics of psychological security-insecurity. *Journal of Personality, 10*(4), 331–344. https://doi.org/10.1111/j.1467-6494.1942.tb01911.x

Maslow, A. H. (1943). A theory of human motivation. *Psychological Review. 50*(4), 370–396. https://doi.org/10.1037/h0054346.

Maslow, A. H. (1952). Manual for the security-insecurity inventory. Consulting Psychologists Press.

Sund, A.M. & Wichstrom, L. (2002). Insecure attachment as a risk factor for future depressive symptoms in early adolescence. *Journal of the American Academy of Child and Adolescent Psychiatry, 41*(12), 1478-1485. https://doi.org/10.1097/00004583-200212000-00020.

本章總結：

被焦慮家族所困擾的朋友，可以：

· 以靜觀接納並了解自己的焦慮源頭。

· 以理性想法取代不合理的想像或擔心。

· 誠實及直接面對自己的恐懼或困擾。

在不明就裏的失落哀愁中盤旋，像墜落深不見底的深淵。

抑鬱或情緒低落時，摻雜了悲傷、沮喪、孤獨甚至是麻木，內心有一個
缺口，感覺不完整。適量的情緒低落可令我們反思及調整自己，稍作休
息再前行。然而，過多的抑鬱會把日常生活和情緒拖行，令人欠缺動力
和信心。泛濫的情緒、不能自拔的悲憂、失去動力、興趣、作息和胃口
不佳，皆有可能是抑鬱家族成員所招致。

抑鬱家族
的成員

抑鬱

沮喪

悲傷

孤寂感

情感麻木

一・抑鬱的特徵

「情緒或高或低如此詭秘，陰晴難講理。既然浮生就如遊戲，不如坐戰機。黑暗下磊落光明中演你，心能隨心揀戲。這時期演傷心戲，戲爛人未死。」廣東歌《黑擇明》，演繹了一個在黑暗中的人，跌宕無理的心情，詞人林夕寄語在黑要「擇明」，他在 2009 年十大中文金曲頒獎禮中領獎在說，這首詞，鼓勵了一位抑鬱症的聽眾。抑壓與鬱悶，像在黑洞，沉重而無力擺脫，不想自己不開心，但卻換來無以名狀的虛無感，討厭自己這樣，卻無力改變。

廣東人「唔開心」時通常以「好灰」來形容抑鬱的心情，意思是指我們的心情猶如陰天的天色一樣灰濛濛、失去了活力。邱淳孝 (2019) 形容抑鬱的情緒很像一個黑洞，深不見底，而且會吸收我們的能量，令我們失去生活的動力，不想吃飯、不想外出、不想社交，對自己原本有興趣的事物失去興趣。那麼生活在香港的人抑鬱嗎？根據每年由聯合國統計的《世界快樂報告》(*The World Happiness Report*)，總是很難在前置位置中找到香港的踪影，在 2019 年（總參與國家及地區：156 個），香港排第 76，而在 2023 年（總參與國家及地區：137 個），香港跌至

第 82 位，可見香港人並不很快樂。有時遇到一些不如意的處境、在電影中看到一段傷感的劇情、或是看到社會上發生的不幸事件，甚至有時遇上天陰、潮濕、日光短的季節也會讓人有種鬱鬱寡歡的感覺；但不快樂並不代表抑鬱，不快樂可以是遇上某些事的反應，抑鬱是則一種較長期的與認知和想法有關的情緒狀態。

抑鬱情緒可能源自於家庭、學業、工作、愛情、人際關係等，究竟我們如何判別自己是否有「病態抑鬱」呢？

二・自測

請小心閱讀以下每一個句子，並在右方圈上 一個合適數字，表示「過往一個星期」如何適用於你。請謹記答案並無對錯之分，毋須花太多時間在某一題上。

題目	不適用	頗適用 或 間中適用	很適用 或 經常適用	最適用 或 常常適用
1. 我好像不能再有任何愉快、舒暢的感覺	0	1	2	3
2. 我感到很難自動去開始工作	0	1	2	3
3. 我覺得自己對將來沒有甚麼可盼望	0	1	2	3
4. 我感到憂鬱沮喪	0	1	2	3
5. 我對任何事也不能熱衷	0	1	2	3
6. 我覺得自己不怎麼配做人	0	1	2	3
7. 我感到生命毫無意義	0	1	2	3

計分方法

請將表格所圈選的分數加總起來，並將總分乘 2，然後配對以下抑鬱程度：

總分	抑鬱程度
0-9	正常
10-13	輕微
14-20	中等
21-27	嚴重
>28	非常嚴重

若你的得分在 10 或以上，或在第 6 及第 7 題選填了「1」或以上，你的抑鬱程度可能比一般人高，或已影響到日常生活，建議要去尋求心理學家或精神科醫生協助作進一步的診斷與治療。

*以上的自我篩檢測驗內容取自 Depression Anxiety Stress Scales-21（簡稱 DASS-21），由 Lovibond 及 Lovibond 於 1995 年發展，並由 Antony 等 (1995) 修正後的精簡版為 DASS-21，總共 21 題，用於評定成人抑鬱、焦慮和壓力狀況。中文譯版內容參考自澳洲新南威爾斯大學心理學系網站 (n.d.)。計分表資料擷取自 Lau 等 (2013) 在醫院管理局研討大會發表的簡報。此測驗並非正式臨床診斷，若有任何疑問，請諮詢心理學家或精神科醫生，以取得最可靠和切合的診斷。

三・應對方法

抑鬱過度的人，常常感覺自己活在一齣悲劇當中，很多時會對自己以及人生產生負面評價，令生活功能如學業、工作、社交都受到影響。臨床抑鬱症的治療方法一般涵蓋三大範疇，休養（包括休息及遠離壓力源）、藥物治療及心理治療，世界衛生組織（2023）建議治療如行為激活 (Behavioral activation)、認知行為治療 (Cognitive behavioural therapy)、人際心理治療 (Interpersonal psychotherapy)、服用抗抑鬱藥物如選擇性血清素再攝取抑制劑 (SSRIs) 等都有紓緩症狀作用；但此等治療均需由合資格的精神科醫生、專業心理學家或輔導人員進行，而一般對生活沒有造成太大干擾的抑鬱情緒就可嘗試用以下策略來應對。

好好接納自己的感受：

在華人文化中，很多時不太接納抑鬱感受，例如面對喪親，我們時常聽到「節哀順變」，意思是要抑制哀傷、順應變故。當這種觀念在我們生活中潛移默化，面對抑鬱等負面感受時也傾向利用壓制方式應對，容易造成一種近似作用力與反作用力形成的壓迫感。因此，當我們感到抑鬱時，最簡單直接的應對方法就是讓自己好好地休息，好好地讓自己放空，讓自己短暫地待在抑鬱的感受中沉澱，接納和體諒自己，待休息足夠，心情也會好一點。當然，要讓自己心情頃刻變好絕非易事，當中不妨嘗試利用靜觀呼吸練習，在每次深呼吸時盡量感受空氣進入和離開身體時的感覺，當練習了數次後，可同時留意其他身體部分的感覺，包括一些讓自己不舒服的感覺與想法，感受它們的存在而毋須作任何思考或分析，只需好好接納當下的所有想法與感受。

找出負面和不合理的思維模式：

美國心理學家 Aaron T. Beck (1976) 認為抑鬱的人常在接收來自外界環境或與自身相關的訊息時，會選擇性地接收負面的訊息；例如自己的失誤、別人的批評、生活中的不幸事情等，過程中有時會出現認知扭曲 (Cognitive distortion)，即一種自動化、不合理的思維模式。因應我們每天都處理大量訊息，或許會在難以避免的情況下產生認知扭曲，不知不覺地用它們來判斷或推論自身，以及身邊的事物與環境，可能會造成某程度的心理困擾，繼而產生抑鬱情緒。因此，當我們接納了自己的感受，不妨也花一點時間認識它們，為此可以透過下表檢視一下自己的想法有否出現認知扭曲：

認知扭曲	例子
1. 二分法的思考方式 (Dichotomous thinking)	認為每件事只有兩種可能的結果，非黑即白，非對即錯。例：考試沒考到滿分就是失敗。
2. 個人化 (Personalization)	當事情發生時，不會思考其他可能影響因素，只會一味怪罪自己。例：老師因私人原因取消課堂，同學一直怪責自己在上一堂發問問題而得罪了老師，老師不高興才取消課堂。
3. 過度推論 (Overgeneralization)	根據單一事件或一點資料作推算。例：我今次失戀過後，以後再沒有人愛我。
4. 選擇性摘要 (Selective abstraction)	看待事物只重視小細節而忽略去做全盤的考量。例：考試一科得 80 分，其他每科都 90 幾分，但卻為了 80 分一科而十分鬱結。
5. 低估 (Minimizing)	很難接受別人的讚美，亦容易輕看自己的成就。例：當受別人讚賞時會說：「根本沒有甚麼特別。」
6. 誇大化 (Magnifying)	很容易將自己的小錯誤誇大或放大。例：交完報告後發現有一個錯字，就認為自己犯了很大的錯誤。
7. 妄下結論 (Jump to conclusion)	常在未有明顯的證據時就下結論。例：考試後不等老師派卷，就說自己今年要留級。
8. 貼標籤 (Labelling)	會因一點小錯誤就給自己貼標籤。例：因一次失戀就說自己會無伴終老、孤獨一生。
9. 災難化 (Catastrophizing)	會把事情的發生都想到最壞的可能結果。例：因忘記了跟老闆打招呼，就怕自己留下壞印象，遲早會被人革職。
10. 讀心術 (Mind reading)	你相信你知道其他人正在想甚麼。例：很多同事都想陷害我。

此表參考自駱芳美與郭國禎（2018）。

😠 🙁 🙁 😐 😐

Fact-Check 自己的思維模式：

認識了自己的認知扭曲，就可以開始探索自己為何要相信它們，並嘗試挑戰這些想法。例如當你認為自己必須擁有一份高薪厚職才能成為一個「受人尊敬的人」，但當自己被解僱，就覺得自己是「一件廢物」，繼而產生抑鬱感受。在這個例子中，當事人必須在自己的想法進行核實 (Fact-checking)，釐清那些是事實 (Fact)、那些是意見 (Opinion)，顯然當事人被解僱是一個事實，但他認為自己是「一件廢物」就只是一個想法。這個簡單的核實練習，可以幫助我們了解自己的想法並非客觀事實，可以為挑戰自己的認知扭曲奠定基礎。

調整自己的思維模式：

若我們知道自己的想法不單只是主觀意見，更有可能對自身造成破壞與傷害，就應告訴自己不應接受這些認知扭曲。延續上述例子，當事人可以在沉澱自己的感受後，再探索何謂真正的「受人尊敬」，了解自己未知的概念；例如「馬死落地行」這種風骨也許更「受人尊敬」。

柯慧貞（2002）提出了以下步驟，讓我們漸漸調整自己的想法：
· 了解負面想法會影響一個人的情緒變化與行為反應。
· 注意常出現那些負面想法。
· 了解自己的負面情緒是如何影響情緒變化與行為反應。
· 找出證據來證實想法是無根據或不合事實的。
· 學習用新的、較客觀、較真實的看法來取代原本的負面、悲觀想法。
· 找出容易產生負面想法的信念、假設或架構，並加以修正。

四・為甚麼有這個情緒出現？

Stelmack 與 Stalikas (1991) 曾提及古希臘著名的醫師 Hippocrates 提出的體液學說，Hippocrates 認為人體由四種不同體液組成：黃膽汁、黑膽汁、黏液和血液，這些體液不但影響氣質及性格，當體液的組成不平衡時，就會引致疾病；而他認為抑鬱是因為脾中的偏寒性的黑膽汁太多引起的，而古希臘語中黑膽汁稱作 melan chole，後來演變成英語 Melancholy，意思解作抑鬱。

然而，抑鬱並不等於抑鬱症。抑鬱是一個非常常見的情緒，當我們在生命中遇上較重大的不幸事件，例如家人得了重病、喪親、失戀、心理創傷等都可能會陷入抑鬱狀態，我們會變得經常愁容滿面、未能感受快樂經驗、時常擔心自己能力不足等。雖然如此，一般經歷抑鬱感受的人，其情緒反應也不至影響日常生活功能。根據美國《精神疾病診斷與統計手冊 – 第五版》(*The Diagnostic and Statistical Manual of Mental Disorders*，DSM-5)，抑鬱症患者經常陷於抑鬱當中，對所有活動失去興趣或愉悅感，幾乎每天都疲倦或無精打采，使得其症狀也會干擾日常生活功能，導致影響上學、工作、社交等。在華人社會當中，有的患者會自我價值低落，當中有 27.5% 在一個月內出現反覆的死亡念頭（Dong 等，2018），另有 2.3% 的患者有反覆的自殺行為（Li 等，2017）。

根據目前研究結果，抑鬱的成因主要源於生理、社會、心理和三大因素的複雜相互作用。由現今的研究成果所知，跟抑鬱症最相關的神經傳導物質是血清素 (Serotonin) 與正腎上腺素 (Norepinephrine) 兩種，

所謂神經傳導物質指的就是神經細胞與神經細胞之間用來作為聯繫的一些化學物質，若上述兩種神經傳導物質在體內失衡，就會加劇抑鬱感。若在生活中接連遇上不幸事件的人更容易有抑鬱情緒，而抑鬱症可導致更大的壓力和生活功能障礙，影響生活並加劇其抑鬱症狀。美國心理學家 Seligman 及 Maier 在 1967 年提出「習得性無助」(Learned helplessness)，發現動物被束縛在無法逃脫的電擊箱中接連受到電擊（挫敗感）後，會變得沒有任何求生意志，當動物再被放到沒有束縛的電擊箱中，牠們仍欠缺求生意志，失去逃脫的動力。及後，Seligman 和一些研究者便把習得性無助應用在抑鬱症的成因，解釋部分有抑鬱感受的人可能經歷了生活上的種種挫敗後變得悲觀和情緒低落，並認為自己無力改變，繼而失去生活動力。

美國心理學家 Aaron T. Beck (1976) 認為一個人的早期不愉快經驗，可能導致功能不良信念 (Dysfunctional beliefs) 的形成，這些信念可能潛伏多年，但如果在後來生活中被一些壓力源所激活的話，這些信念將會引發認知扭曲，接着就可能進入認知三角 (Cognitive Triad) 關係，其意指抑鬱的人對自我、世界和未來常持一種負面的觀點。他認為個體會系統性錯估當前與過去經驗，導致其自認為失敗者、世界上沒有人會愛自己、未來是絕望的，及後引發各種抑鬱症狀。

Aaron T. Beck（1976）的認知三角
（Cognitive Triad）

五·有甚麼可預防和注意？

抑鬱是一種常見的情緒，學懂建立正向思維模式有助預防增強心理韌性，應對抑鬱情緒：

建立感恩生活：

避免接收太多消極或負面的訊息，反之多注意生活美好的一面，並培養感恩生活態度，強化生活中的幸福感。我們可以嘗試寫感恩日記，每天選至少三項好人好事寫在日記上，在情緒低落時，可以翻看日記，平衡內心的抑鬱情緒。

維持健康的生活模式：

運動有助分泌神經傳導物質多巴胺 (Dopamine)，除了工作或上學以外，建議為自己訂立一個健康生活時間表，每天抽時間進行適量運動、休閒、娛樂，還要有充足的睡眠。

適時尋求協助：

情緒是一種能量，不能過度抑壓。所以平日感到情緒低落時，我們不必刻意抑壓，嘗試接納自己感受，告訴自己抑鬱是正常情緒反應，如有需要，可與信任的家人及朋友傾訴，以積極態度紓緩負面情緒。若發現自己未能完全掌控內在抑鬱感受，也告訴自己不用焦急，適時尋求心理學家或專業輔導人員協助，也是一個不錯的選擇。

六 · 應用例子

在生活中，抑鬱可能在家庭、學校和職場中以不同方式呈現，有人沉默寡言，亦有人聲淚俱下。對於這種頗常見的負面情感，我們需要多運用同理心，嘗試理解對方的處境，而不是盲目請對方「開心一點」、「積極一點」、「振作一點」。

家庭層面

家庭成員在面對抑鬱時，應該透過開放的對話和共情，幫助患者理解自己的情感，並提供協助尋找合適的解決方案。

對話例子：

兒子：「我發現爸你最近心情不太好，時常眉頭深鎖，是遇到甚麼困難嗎？有甚麼我可以幫忙的嗎？我們可以一起找個時間聊聊，或者如果你需要，我可以陪你到公園或海邊散步。」

學校層面

在學校，教職員應建立一個安全的空間，讓學生能夠分享他們的感受，同時提供心理輔導資源。

對話例子：

老師：「我注意到張同學你最近對學業和課後活動都不太感興趣，時常獨個兒躲在課室，我很關心你的情況。如果有甚麼困擾你，可以試着告訴我嗎？我會盡力去聆聽及理解。」

職場層面

在職場上，主管和同事應該關注彼此的情緒及行為變化，尤其管理層可帶頭創造一個關懷的工作環境，讓員工感到能夠坦誠表達情感。

對話例子：

主管：「我察覺到 Tony 你最近的變化有點不尋常，你從前很少會失約或在文件上有失誤，最近卻在工作上神不守舍。如果有甚麼困擾着你，不妨嘗試與我傾訴，或許我們能一起商討解決方法。」

參考資料：

Antony, M., Bieling, P. J., Cox, B. J., & Enns, M. W. (1998). Psychometric properties of the 42-item and 21-item versions of the depression anxiety stress scales in clinical groups and community a sample. *Psychological Assessment, 10,* 176-181.

Beck, A. T. (1967). *The diagnosis and management of depression.* University of Pennsylvania Press. http://www2.psy.unsw.edu.au/dass/Chinese/Chinese%20DASS21.pdf

Beck, A. T. (1976). *Cognitive therapy and the emotional disorders.* International Universities Press.

Dong, M., Wang, S.-B., Li, Y., Xu, D.-D., Ungvari, G. S., Ng, C. H., Chow, I. H. I., & Xiang, Y.-T. (2018). Prevalence of suicidal behaviors in patients with major depressive disorder in China: A comprehensive meta-analysis. Journal of Affective Disorders, 225, 32–39. https://doi.org/10.1016/j.jad.2017.07.043

Helliwell, J. F., Layard, R., Sachs, J. D., & De Neve, J.-E., (Eds.). (2020). World Happiness Report 2020 (8th ed.). Sustainable Development Solutions Network.

Helliwell, J. F., Layard, R., Sachs, J. D., Aknin, L. B., De Neve, J.-E., & Wang, S. (Eds.). (2023). World Happiness Report 2023 (11th ed.). Sustainable Development Solutions Network.

Lau, M. Y. P., Ng, M. K. R., Tsang, W. K. A., Yu, H. S. Z., Ng, K. M., Chan, C. T., Chau, M. W. R., Lam, M. Y. M., Tang, L. W. F., Lo, Y. K. P., Lau, W. L. P., Chan, S. H. F., Lau, W. Y. M. (2013, May 15). *Effectiveness of a structured physical rehabilitation program for Chinese population with depressive disorders* [PowerPoint slides]. HA Convention. https://www3.ha.org.hk/haconvention/hac2013/proceedings/downloads/SPP1.1.pdf

Li, H., Luo, X., Ke, X., Dai, Q., Zheng, W., Zhang, C., Cassidy, R. M., Soares, J. C., Zhang, X. Y., Ning, Y. (2017). Major depressive disorder and suicide risk among adult outpatients at several general hospitals in a Chinese Han population. PLos ONE, 12 (10). https://www.ncbi.nlm.nih.gov/pmc/articles/PMC5634639/

Lovibond, P. F., & Lovibond, S. H. (1995). The structure of negative emotional states: Comparison of the Depression Anxiety Stress Scales (DASS) with the Beck Depression and Anxiety Inventories. *Behaviour research and therapy, 33(3),* 335-343.

Seligman, M. E., & Maier, S. F. (1967). Failure to escape traumatic shock. *Journal of Experimental Psychology, 74(1),* 1–9. https://doi.org/10.1037/h0024514

Stelmack, R. M., & Stalikas, A. (1991). Galen and the humour theory of temperament. *Personality and Individual Differences, 12*(3), 255-263.

World Health Organization (2023, March 31). *Depression.* https://www.who. int/news-room/fact-sheets/detail/depression

柯慧貞（2002）。憂鬱症的認知心理治療：理論與技巧。《學生輔導，80》，68-75. 澳洲新南威爾斯大學心理學系（n.d.）。Chinese DASS21 情緒自評量表。

邱淳孝（2019）。《闇黑情緒》。寶瓶文化事業股份有限公司。

駱芳美、郭國禎（2018）。《諮商理論與實務：從諮商學者的人生看他們的理論》。心理出版社。

沮喪

一・沮喪的特徵

沮喪是一個很難定義的情緒，這個情緒乍看之下好像很容易理解，簡單到在美國心理學會 (American Psychological Association [APA]) 的心理學字典裏僅僅只用了一句「感到絕望和無望的狀態」來定義沮喪 (Despondency)。在心理學中，「沮喪」很多時都只是一個於抑鬱情緒的評估工具裏，用來衡量及輔助理解一個人有多抑鬱的形容詞。依這定義，沮喪可以理解為抑鬱下的一個特徵或症狀，一個低落的狀態，一個「就是」會出現的一個情緒狀態。但一個人沮喪是否就代表他有抑鬱情緒呢？究竟甚麼是沮喪呢？

漢語中，「沮」可解作意志消沉，而「喪」則有失去或失掉的意思，所以沮喪可以理解成一種已經或將會失去一些東西而意志消沉的情緒狀態。在存在心理學的意義治療理論中，沮喪是其中一種作為人類於人生中幾乎必然會經歷的受苦狀態 (Suffering)。意義治療以「悲哀三角」(Tragic Triad) 來形容沮喪這一種受苦狀態，而所謂的三角就是痛苦、內

疚及死亡，所以當人在沮喪時，很有可能他們正因為在面對這無可避免的「悲哀三角」時感到無助及不知所措。在這個三角形裏，痛苦既是指生理上的痛苦（疾病或受傷），也是指因為對生活的失望而感受到的心理痛楚。內疚，顧名思義就是我們對已經造成或因為沒有行動而引致的結果感到愧疚，而我們已經不能再回到過去重新選擇多一次了。三角的最後一角則是所有人都必然會經歷的死亡，這裏的死亡指的不僅僅是自身存在的終結，也是身邊所有的人物都終歸有終結的一天，包括親友的生命、一段珍而重之的關係、甚至自我形象或角色等，所以死亡所反映的是生命無常的本質。當我們「沮喪」時，我們或許正面對失去期望或健康（痛苦）、已經錯失了的機會（內疚）及喪失一些我們珍重的人和物（死亡）而感到無助、不知所措及意志消沉。

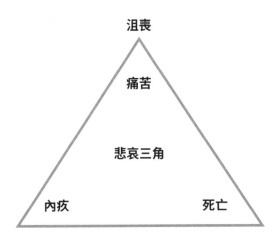

圖 1「悲哀三角」(Tragic Triad)：
意義治療及存在分析看沮喪 (Graber, 2004)

二・自我反思

關於沮喪很重要的一點，就是它是一個作為人類會經歷到的情緒，而並非一個病症。沮喪在很多方面都與抑鬱情緒甚至抑鬱症重疊，以至沮喪的程度很多時會作為抑鬱症的其中一項評估準則。但是沮喪其實與抑鬱有程度上的差別，如果說沮喪的本質經驗是無助和不知所措的話，那麼抑鬱就是絕望及無意義；所以即使相類似，沮喪和抑鬱是兩種不同的情緒狀態。

沮喪基本上是一個我們可以很容易自己識別得到的情緒狀態，我們也可以試試問自己以下幾條問題去感受一下自己沮喪的程度：

- 我要為過去錯過了／失去了／做錯了的事負責及內疚
- 我為未能修正過去的過失而感到無可奈何
- 我因為達不到想要的目標而對人生缺乏期盼及希望
- 我因為人際關係不如預期而感到痛苦及無能為力
- 我因為身體的問題而感到徒勞無功
- 我為生命的無常感到不知所措
- 我因為有機會失去我所珍視的人／物／關係而感到無助

以上反思部分程度愈高，代表沮喪愈強烈。

三‧應對方法

既然沮喪是一種面對生命的苦困而衍生出來的情緒狀態，與其去「應對」或「解決」它，不如試試增加自己對自身沮喪的了解，並調整一下面對苦困時的態度。

接納並認識沮喪：

沮喪其實是一個正常不過的情緒反應，如生命是伴隨着苦困的話，那麼我們偶爾會為這些苦困沮喪起來也是十分自然的事。既然沮喪標示着我們可能失去了或正面臨失去一些重要的東西，接納自己會有這種情緒狀態，容許並給予自己空間去沮喪。並在適當時候反思一下這個經驗提醒了自己甚麼？又可以從中領悟到甚麼？

悲哀中的樂觀態度：

意義治療以「悲哀中的樂觀態度」(Tragic Optimism) 去嘗試於「悲哀三角」中尋找意義。如果苦困是無可避免或不能逆轉的，那麼我們至少可以用另一個角度去面對苦困。哲學家 Friedrich Nietzsche 說過，如果我們能找到一個原因，我們能承受幾乎任何的苦難。意義治療同樣強調於沮喪中尋找意義因子，並相信我們可以把沮喪的經驗轉化為成長的機會。例如：我作為一個受長期病患所困擾的人，我可以與病痛同在並活出意義以成為一個榜樣嗎？我可以勇敢承認和面對過去的錯失，並以此為鑑去改變嗎？既然生命是無常的，我今天又應該及可以再做點甚麼呢？

四 · 為甚麼有這個情緒出現？

如上述所言，沮喪是一個作為人類對本身存在於世界上會遇到的苦難而有的情緒反應或狀態。德國哲學家 Martin Heidegger 認為情緒本身就是其中一種人類的存在必然 (Ontological given)，而法國哲學家 Jean-Paul Satre 也認為我們每一刻與世界的互動都必然有情緒的參與。情緒幫助我們去感受、理解及抒發我們在這個世界裏的存在。所以沮喪從這個角度來看，可以說是反映着我們失去一些珍重的東西的經歷，這「東西」可以是人、物、目標，甚至是價值觀 (Values)。

根據輔導心理學家 Emmy van Deurzen 的情緒指南針 (Compass of Emotions)，情緒與我們自身的價值觀及我們認為有價值的東西有關。

簡單來說，當我們實踐到我們的價值觀或得到我們認為有價值的東西時，我們會經歷到正面的情緒。而當我們感到自身價值觀受到威脅或我們認為會失去有價值的東西時，我們就有可能經歷負面的情緒。

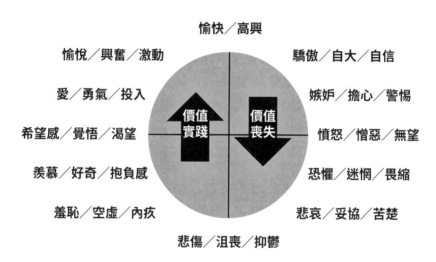

圖 2 情緒指南針
(Compass of Emotions；Emmy van Deurzen, 2012)

沮喪的出現與價值觀的關係可以透過以下故事來演繹：

「一個出生於傳統富裕家族的年輕人，自幼接受外國教育，對個人自由、自我成長等觀念充滿憧憬。當他被家人召回家後，父母卻要求他言聽計從，事無大小都必須跟隨父母的意思去做，完全否定年輕人的意志亦拒絕溝通。由於年輕人認為必須捍衛自己重視的價值

觀，他嘗試說服父母、甚至違背他們的意思去做自己想做的事。無奈重視權威的父母不但沒有聆聽，反而封鎖年輕人的經濟、破壞他想發展的事業，又僱用嚴厲的所謂人生導師訓斥年輕人，試圖令他屈服。在無論財力、人脈及各種資源都不足的情況下，年輕人慢慢只好放棄抵抗，並黯然面對父母的打壓。」

從價值觀的層面上看，年輕人初期面對父母的威權式對待時，他會感到價值觀受到威脅，從而感到憤怒並驅使他去反抗及違背。但當他漸漸發現敵不過父母各方面的打壓時，他會開始意識到將會失去自己所重視的價值，並感到無助及無望。到年輕人認知到無論他怎樣做都是無可奈何時，他會知道自己所珍視的價值已無法實現，而相應地情緒會轉變成沮喪。如果這個沮喪的程度再加劇及持續，再出現的可能就是抑鬱情緒了。

五‧有甚麼可預防和注意？

認識沮喪及其背後的含意：

- 明白沮喪是一種自然的情緒反應。
- 容許自己消沉並給予自己合理的空間去沮喪。
- 沮喪的出現很可能是標示着你正在面對某種價值的喪失，這種感覺提醒我們這種價值的意義，並可以促使我們做進一步的選擇。

退後一步，重新審視自己的價值觀：

對於負面的情緒或處境，意義治療強調去培養一種名為「自我距離」(Self-distancing) 的狀態。意思就是把自己跟情緒或引起情緒的問題拉開距離，以更全面的角度去觀察及思考自己正在面對的情況。其中一個方法可以試試想像一下自己面對的苦困是一齣電影或舞台劇，如果我們從「觀眾」的角度去看這苦困時（見下圖 3），我們可能會發現得到從「第一身的自己」角度看不到的其他可能性，或者更清楚究竟是甚麼的價值觀令自己如此沮喪。這時候我們就可以反思一下這價值對你的意義何在。

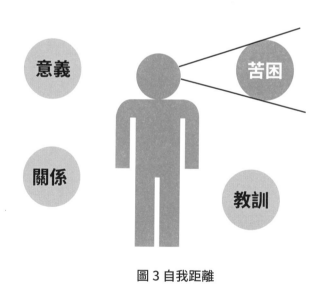

圖 3 自我距離

當我們沮喪時（或其他負面情緒），我們的視野會變得狹窄，並可能只看到令我們沮喪的局面。

如果我們能夠暫時做一個觀眾，從較遠距離去看同一件事，我們可能會發現更多。

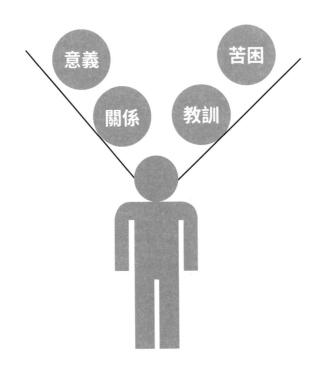

六・應用例子

沮喪可以理解為失去了盼望及勇氣而意志消沉，可以說是更大程度上的失望。跟很多其他情緒一樣，我們在人生中或多或少都會有沮喪的時候，因為我們人生不同的處境必然會有一些重要的東西會未能預期地實現。

家庭層面

承接上文年輕人的例子，我們在家庭中可能亦會遭受很多不同的挫折，而對自己的家人或自己的將來感到沮喪。在這個例子中可能不單只有年輕人感到沮喪，他的父母也感到沮喪。對他們來說，他們對年輕人違背他們的期望及不斷的反抗感到失望，從而嘗試更用力去控制年輕人。其實當雙方都感到沮喪時，與其與對方硬碰硬，不如嘗試去聆聽對方的想法、期望、失望及沮喪。不要急於去表達自己對對方的情緒或要求對方接受自己的想法，而是單純專注地去傾聽，再友善地表達及交流自己的想法。

同樣道理，面對沮喪的家人時，我們可以給予陪伴及傾聽他們的感受。如日本哲學家鷲田清一所言，傾聽是一種可以為他人創造空間以了解自己的行動，我們要小心不要在過程中強加自己的想法或價值觀，而是讓對方可以安心呈現自己。

學校層面

有時候當同學們經歷得太多的失望時，例如在同一科目上多次未能達到自己的預期，或不斷經歷感情上的挫敗，他們會可能因此而變得意志消沉。作為老師或同學，除了可以陪伴及聆聽他們外，也可以跟他們一起去反思可以從這些經歷中學會甚麼，找出其他的方法去面對這些困難。

職場層面

我們在工作上會遇到很多挫折，而在不斷努力都未如理想時，我們難免

會對工作感到沮喪。當沮喪的感覺太強烈的時候，我們不妨讓自己稍作休息，如果可以的話，暫時放下手上的工作，並發掘一下其他興趣或對自己有意義的事。有時候可能改變工作環境亦會是不錯的選擇。假若不能去改變環境的話，我們可以嘗試去反思一下我們是為了甚麼去工作的，如果我們可以找到在這個職場中「捱」下去的理由的話，我們可能至少會知道留在這地方的意義，在意義治療的理論中，這是「態度轉移」（Attitudinal change）的概念。

參考資料：

American Psychological Association (n.d.). Despondency. *APA Dictionary of Psychology.* https://dictionary.apa.org/despondency

Frankl, V. E. (1988). *The will to meaning: Foundations and applications of logotherapy.* Meridian

Graber, A. V. (2004). *Viktor Frankl's logotherapy: Method of choice in ecumenical pastoral psychology (2nd ed.).* Wyndham Hall Press

Satre, J. P. (2014). *Sketch for a theory of the emotions.* Routledge Great Minds.

van Deurzen, E. (2005). Emotions. In E. van Deurzen, & C. Arnold-Baker (Eds). *Existential perspectives on human issues: A handbook for therapeutic practice* (pp. 110-120). Palgrave

van Deurzen, E. (2012). *Existential counselling & psychotherapy in practice (3rd ed.).* SAGE Publications.

van Deurzen, E. (2014). Structural existential analysis (SEA): A phenomenological research method for counselling psychology. *Counselling Psychology Review, 29*(2), 70-83

悲傷

一・悲傷的特徵

人生如同一趟列車，往往來來，得得失失；由丟失錢包、與朋友絕交、失去工作機會、與伴侶分手、到告別寵物或摯愛至親等，少不免會經歷大大小小的「失去」(Loss)。有時候，我們可以理性從容地面對失去了的事物，稍稍難過，然後很快便振作起來，但亦有時候，某些「失去」會令我們久久難以釋懷，甚至痛苦淚流、徬徨無助，覺得自己將永遠沉浸在悲傷之中。尤其是在失去親人或摯愛時，這種感受更是深刻難忘 (Worden，2018)。

美國臨床心理學家 Sue Morris (2017) 描述「悲傷」是伴隨失去的強烈反應。當我們知道那個失去是無法挽回時，我們不僅會感到痛苦，更會陷入「悲傷」之中。在我們感到「悲傷」時，每個人在身體、行為和思想上，都會有不同的反應和表現。若你曾經歷過失去摯愛之人或事物，這一次你的悲傷反應可能與之前相似，也可能完全不一樣。這得取決於實際情況、你與所失去之人／事物的關係，以及當下生活中的其他重要因素 (Worden，2018)：

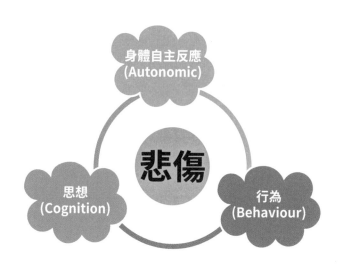

身體自主反應 (Autonomic/Physical symptoms)：相關身體反應，如胃部不適、頭痛、胸部緊迫、呼吸急促、有窒息感、極度疲倦、肩頸僵硬等。

行為 (Behaviour)：因失去至親、分手或失去重要事物的行為反應，例如坐立不安、注意力不集中、失眠或過度睡眠、飲食失調、自我孤立甚至社交退縮、逃避工作和造訪逝者（或前度）常去的地方等。

思想 (Cognition)：按不同失去的情況，而有不同相應的想法和反應，例如感到困惑、不相信、拒絕接受失去的事實、擔心自己無法獨立照顧自己、內心懊悔與自責等。

二・自我反思

悲傷是生命中不可割捨的一部分。我們終其一生，總會面對無數次的「失去」。然而，每次的「失去」，都帶來獨特的心路歷程 (Doka, 2017)。我們可以把這些經歷視為生命中的學習機會，試着去了解自己在悲傷時的感受和想法。

指示 *：你可嘗試尋找一個寧靜、舒適且不會被打擾的空間進行這個活動。請你閉上雙眼，深呼吸幾次，讓自己進入一種平靜的狀態。然後集中你的注意力，嘗試回想一次在人生中的「失去」經歷、仔細感受自己的情緒和想法。回想完畢後，可以在以下部分記錄下你的經驗。

> 1. 我所回想起的「失去」經歷：
> 2. 我當時的年齡：
> 3. 我當時所失去的是甚麼（親人、寵物、朋友或物品？）：
> 4. 當時面對「失去」時，我的感受是：
> 5. 當時面對「失去」時，我的想法是：
> 6. 我當時通過甚麼方法來應對這「失去」：
> 7. 我現在如何看待這次「失去」：
> 8. 如果這次的「失去」是人生必經的，我所領悟到是：

* 如果在進行這項活動期間有感到任何不適，你可以隨時選擇停止。

三・應對方法

在前述的反思活動中，你可能已經了解到「失去」所帶來的感受和想法。儘管我們無法改變已經「失去」的這個事實，但在處理「失去」經驗的本身，我們卻可以作出不同選擇。例如，我們可選擇是否要處理或壓抑因「失去」而引起的困擾和悲傷。一般情況下，當我們悲傷難過的時候，覺得沒動力和意願去做任何事情是很自然的。我們悲傷時可能比較想獨處一會兒，這時不必勉強自己出席很多社交場合或朋友聚會，「強作精神」。處理悲傷需要的是一個空間，一個讓痛苦可以被看見、被接納的空間 (Holland，2011)。

與悲傷共處：

每天為自己定一個獨處的時間，體驗一下悲傷帶來的感受和反應。首先，你可以選擇安坐或躺臥，將注意力集中在呼吸上，然後慢慢覺察與悲傷相關的身體感覺、情緒、想法。在這個過程中，你腦海中可能會浮現與悲傷有關的影像，例如離世親友的容貌，或者與前度相處的回憶片段。在你自覺可以控制的情況下，容許自己接觸這份悲傷，不要批評、過分迴避或壓抑自己的情緒。你可以像照料受傷的小動物一般去溫柔地對待它、接納它，而不是去嘗試改變它。當我們接觸悲傷後，這難過的情緒可能仍存在，但這感覺會逐漸淡化，平靜下來的。

自我滋養：

當我們的負面情緒逐漸減退時，可嘗試參與一些能夠讓自己感到愉悅或撫慰心靈的活動。每個人喜歡、感興趣的活動都不一樣。開始的時候，你可先選擇一些以前很喜歡，但很久沒做的活動（如跑步、跳舞或繪畫）。嘗試一下，第一次不需要花很長時間。隨後，你可以逐步增加參與的次數和時間，逐漸提升自己的投入度和自我效能，一步步重建自信和成功感。這樣一來，不僅能享受活動帶來的樂趣，也能逐漸減少困擾着你的負面情緒和負面思維（如自我懷疑）。

面對「失去」，我們所感受到的悲傷都是真實的、自然的。通常隨着時間的流逝，我們的心情會逐漸平復，悲傷也可能隨之減輕，生活逐漸回復正軌。可惜，當悲傷變得難以承受，或維持過久且干擾到我們日常處理事務的能力時，我們就要小心。長期持續且嚴重的悲傷是有可能會發展成心理疾病，例如複雜性悲傷 (Complicated Grief) (Sham 等，2013) 甚或抑鬱症 (Webb & Pizzagalli，2016)。當我們單靠自己或身邊親友都無法消解悲傷時，請及時尋求專業人士的協助，如心理學家或精神科醫生。

四・為甚麼有這個情緒出現？

可能不少人會認為「悲傷」帶來的都是負面的，但實際上，「悲傷」對我們的人生和成長有着重要的功能。「悲傷」這種情緒的原始功能，是在告知我們「失去了某些重要的東西」（Doka，2017）。因此，「悲傷」實際上是愛的延伸：不論所失去的是人是物，我們會感到悲慟和痛苦，是因為我們曾經重視過、愛過。平日裏，我們可能會忙於工作，努力追求「更好」，過著節奏急速的生活。唯有當我們失去了，我們才會因而停下來，去思考真正應該追求的是甚麼。

舉例來說，曾獲選《時代》雜誌全球最有影響力 100 人的華人企業家李開復。過去他深信「付出總有回報」，所以對自己工作要求很高，甚至跟別人比賽「誰的睡眠更少」、「誰能在凌晨裏及時回覆郵件」等，一直去「拚命」。可是在 52 歲事業有成時，李開復卻發現自己得了第四期淋巴癌，失去了健康。幸好經過 17 個月的治療後，他痊癒了。事後，李開復意識到了健康的重要，覺得要珍惜身體，並大大改變了作息和生活習慣。故此，「悲傷」能讓我們認清自己真正重視的是甚麼，幫助我們重新評估當下的情況和目標，從而作出相應的決定和改變。此外，表達「悲傷」也可以讓身邊的人知道我們此刻需要支持和安慰，促使我們互相連結。因此，在我們感到「悲傷」時，應接納自己這份情緒，而不需立刻加以批判。

另外，在面對人生艱難的變化時，如果我們能了解當中的「悲傷」歷程，知道面前有甚麼要經歷，就可幫助我們走出困境，從中學習成長。著名美國精神科醫生 Elisabeth Kubler-Ross (1969，2014) 通過多年研究「悲傷」的結果，發現在不同的「失去」中（如得知自己罹患絕症、家人逝世、離婚、失業等），都會普遍經歷五個階段 (The Five Stages of Grief)：

否認 (Denial)：「不會的，這不可能發生在我身上！」、「我們的感情一直都很好啊，怎麼可能會分手？」

憤怒 (Anger)：「為甚麼是我？這太不公平了！」、「你為甚麼要離開我？」

討價還價 (Bargaining)：「神啊！請給我一點時間，幾年就好了！讓我見證孩子畢業就好。」、「只要能夠與他復合，我願意做任何事情。」

沮喪 (Depression)：「唉，無論做甚麼都沒用了。」、「我不想再活下去了，一切都沒有意義。」（甚麼都做不了）

接受 (Acceptance)：「會好起來的。這一切都會過去的……」、「好吧！既然我無法改變一切，我就接受並準備好迎接新的挑戰。」（平靜面對）

這「悲傷的五個階段」看似是依次發生，但其實我們不一定會經歷所有階段。而且這些階段也不一定按照特定的順序（如否認→憤怒→討價還價→沮喪→接受）發生，直線上升，漸入佳境。相反每個人的「悲傷」經驗都是獨特的，無法準確預測。話雖如此，通過了解這些階段，我們能幫助自己檢視此刻的狀態，並尋找相應的解決辦法，從而有望更快的走出「悲傷」的陰影。

五·有甚麼可預防和注意？

當面對「悲傷」時，有些人會想快點遺忘，而有些人則認為如果痛苦減輕了，就代表自己不再重視、愛着那失去的人或物，因此寧可深陷痛苦，也不願意忘卻過去。事實上，真正的療癒與放下，是我們能夠接納已經失去這事實，不介意再提起。如果我們不處理這些感受和反應，反而去

😫 ☹️ ☹️ 😕 😐

逃避和壓抑負面情緒，往往只會讓我們更加不舒服，甚至會引發更多的生理和心理的問題。

有人說：「時間能治癒一切 (Time heals all wounds)」，但事實並非總是如此。有時我們要接納自己有機會永遠都會為某些「失去」而傷感，這是自然的反應。期望自己能生活得像發生「失去」前一模一樣，這是不切實際的。我們要學習適應沒有那人或物的生活，但這並不代表我們與那失去的人或物再無關係。就像《最後 14 堂星期二的課》(*Tuesdays with Morrie*) 中老教授 Morrie Schwartz 所說：「死亡只結束了生命，沒有結束關係。」(Albom，1997) 即使我們曾經所珍惜的人或物離開了，但關係仍然留存在活着的人心中。過去一同所經歷的故事，會變成寶貴的回憶和提醒，繼續支持陪伴着我們去面對人生的高低起伏。

六・應用例子

家庭層面

孩子他們或多或少都有一些關於死亡的概念，但當孩子身邊的親人離世時，感受卻是完全不同的。父母雖然無法消除孩子的痛苦，但可以幫助他們以較健康的方式應對。首先，幫助孩子表達情感是非常重要的。有很多針對孩子的生死教育的書籍可供閱讀。共同閱讀書籍、講述故事或觀看已故親人的照片可以幫助孩子表達情感。同時，父母也應該表達自己的悲傷情緒，讓孩子知道感到悲傷是正常的。孩子往往會模仿父母的哀傷行為。因此，展現你的情感是很重要的，這讓孩子知道感到悲傷或

不安是可以的。然而，父母若反應過度或失控，將教導孩子處理悲傷的不健康方式。另外，孩子會對於日常生活中的固定規律感到非常安心，因此如果你需要一些獨處的時間，請找親戚或朋友幫助，讓孩子的生活盡可能保持如常。因為雖然哀悼親人的離世是重要的，但同時也要讓孩子明白生活總會繼續下去。

學校層面

當學生突然得知最要好的朋友因意外或急病離世，必然會深感震撼。學生可能感到難以置信、無法接受，甚至內心充滿悲傷與孤獨。這種情緒波動可能嚴重影響到學業、人際關係以及情緒健康。面對此種情況，學生應尋求可信任的老師、學校輔導員或家人，傾訴自己的感受和情緒是非常重要的。透過與他人分享，不僅能紓解心理壓力，更能獲得理解與支持。此外，學生也可以試著將情緒化為文字。透過撰寫日記或散文，表達內心的感受與想法，有助於釋放情緒並深入理解自我。這種自我表達的方式能幫助我們更清晰地理解自己的情感，逐步找到應對悲傷的方法，踏出悲傷的陰影，重拾正常的生活與學業。

職場層面

在工作中，有時候我們可能會感到悲傷，缺乏動力，甚至只想回家躺在床上。當情緒低落時，我們會很難激勵自己參加會議、安排日常工作任務，或與同事或客戶建立聯繫。如果你發現悲傷影響了你的工作生活，請嘗試找出工作或工作環境中讓你感到愉快或有成就感的事物。這些事

情或許能幫助你在一天中獲得一點動力、休息或舒緩。例如，也許在你最喜歡的咖啡店喝杯咖啡會帶給你一些愉悅；也許和同事共進午餐會讓你感到心情輕鬆；也許你特別喜歡工作中的某一類職務。無論你的「快樂」是甚麼，都把它安排在你的一天中，作為完成不那麼有趣的工作的小獎勵。重點是找到一些愉悅或掌握的時刻。這可以讓你感覺更好，減少悲傷對工作的影響。這些美好時刻可能看起來微不足道，特別是與悲傷帶來的感覺相比，但它們仍然可以幫助你找到一天中的小亮點，幫助你保持專注。

參考資料：

Albom, M. (1997). *Tuesdays with Morrie: an old man, a young man, and life's greatest lesson.* Broadway Books.

Doka, K. J. (2017). *Grief is a journey: Finding your path through loss.* Simon and Schuster.

Holland, D. (2011). *The essential guide to grief and grieving: An understanding guide to coping with loss...and finding hope and meaning beyond.* Penguin.

Kübler-Ross, E. (2014). *On death and dying: What the dying have to teach doctors, nurses, clergy and their own families.* Scribner. (Original work published 1969)

Morris, S. (2017). *An Introduction to Coping with Grief* (2nd ed.). Little, Brown Book Group.

Sham, K. H., Tam, W. C., Wong, P. K., & Yiu, G. C. (2013). Update on grief and complicated grief; and an introduction to the specialised treatment programme for complicated grief in the Common Mental Disorder Clinic of United Christian Hospital. *The Hong Kong Practitioner, 35*(4), 108-117.

Stroebe, M., Schut, H., & Van den Bout, J. (Eds.). (2013). *Complicated grief: Scientific foundations for health care professionals.* Routledge.

Webb, C. A., & Pizzagalli, D. A. (2016). Sadness and depression. In L. F. Barrett, M. Lewis, & J. M. Haviland-Jones (Eds.). *Handbook of emotions* (4th ed.). Guilford Publications.

Worden, J. W. (2018). *Grief counseling and grief therapy: A handbook for the mental health practitioner* (5th Ed.). Springer Publishing Company.

孤寂感

一・孤寂的特徵

走過熙來攘往的街頭，霓虹燈映照着形形色色的過客，有些一雙一對，有些形單隻影，擦身而過，閃眼間對望的是一張張全然陌生的面孔，每個人都踏着自己的步伐匆匆走着；唯獨你，不知能到哪裏，不知能做甚麼，即使回到家中，你也只有自己一人。這時的你很想找一個人作伴，說說話也好，見見面也好，以感受你與這個世界的連繫。於是你打開手機電話簿或面書 (Facebook) 找朋友，尋覓搜索了好一陣子，卻找不到你能與他說一句的那個人；最後，你放棄了，繼續自己一個人，繼續將所有心事都只留給自己……

不知上述例子會否牽動你感受到孤寂 (Loneliness) 的那種情緒，但這種較負面的情緒感受對現今都市人都不陌生。 一項研究指出，比起上一個世代，我們少了 1/3 的朋友，YouGov 的調查說，30% 千禧世代的受訪者稱自己很寂寞，22% 認為自己根本沒有朋友 (Resnick，2019)。首先在此簡單闡明孤獨 (Alone) 與孤寂感 (Loneliness) 的分別，雖然兩者有着複雜的交互關係。孤獨 (Alone) 主要為客觀的實際狀態，即現狀為自己一個人，他們大部分時間都是自己一人獨

處的狀態。獨處或會讓人產生孤寂或被孤立 (Isolation) 的感覺，但亦有人享受與自己相處的時刻，如現在流行的一個人去旅行，旅人一般都享受大部分時間自己一人的狀態；孤寂感 (Loneliness) 則是主觀的，主要為個人對自己社交關係質量的心理狀態，他們實際上可以是獨自一人，亦可以是加入不同群體的活躍分子，朋友數量多寡或許佔部分原因，但主因為個人無法與外界產生聯繫感覺。人類是群居生活的，大部分人均希望能融入主群體，與人建立良好社交關係；惟當這建立良好社交關係的期望與現實出現落差時，因需要不被滿足而產生孤寂感。

隨人生階段經歷增長，或價值觀的改變，個人對孤獨的定義或亦隨之調整，這概念可見證於網上正反激烈爭論相關標題如「獨自午飯是否怪人」及「人生總要一次獨自旅行」等。不可忽略的是，心理學家傾向將孤寂感與飢餓、口渴及疼痛等的反向訊號作連結，並提醒長期孤寂感對身心健康及認知能力均有深遠影響。當腦部長期感受到孤寂感，皮質醇濃度及血壓隨之上升；亦會刺激白細胞多接收腦部發出的警示訊號，從

😣 😖 😣 🙁 😕

而減弱免疫系統功能 (Cacioppo & Cacioppo，2018)。心理上，長期孤寂感亦會降低對被人拒絕的承受度，造成更封閉自己的惡性循環。

二‧自測

UCLA 孤寂感量表第三版 (UCLA Loneliness Scale Version 3) (Russell，1996) 是現今最被廣泛使用測量孤寂感的工具，此量表適用於不同年齡或背景群組，學術研究中亦肯定其良好的信度 (Reliability) 及效度 (Validity)。下列問題是有關你個人感受，請你回答下列句子最能表達你實際感受，勾選最適合的答案。

	UCLA 孤寂感量表 (第三版) (UCLA Loneliness Scale)	從來沒有這種感覺	很少有這種感覺	有時候有這種感覺	經常有這種感覺
1.	我覺得我和周遭的人關係和睦	4	3	2	1
2.	我缺少友伴	1	2	3	4
3.	我覺得沒有人可以讓我求助	1	2	3	4
4.	我感到孤單	1	2	3	4
5.	我覺得我是朋友中的一份子	4	3	2	1
6.	我和周圍的人有許多相同之處	4	3	2	1
7.	我覺得我不再有親近的人	1	2	3	4
8.	我的興趣和想法無法與周遭的人共享	1	2	3	4

	UCLA 孤寂感量表 (第三版) (UCLA Loneliness Scale)	從來 沒有這 種感覺	很少 有這種 感覺	有時候 有這種 感覺	經常 有這種 感覺
9.	我覺得自己是外向友善的	4	3	2	1
10.	我覺得我與他人親近	4	3	2	1
11.	我覺得自己被冷落在一邊了	1	2	3	4
12.	我覺得我和他人的關係只是表面關係	1	2	3	4
13.	我覺得沒有人真的和我很熟落	1	2	3	4
14.	我覺得我與他人有疏離感	1	2	3	4
15.	當我需要時，我都可以找到同伴或人陪伴	4	3	2	1
16.	我覺得有人真的很了解我	4	3	2	1
17.	我感到害羞	1	2	3	4
18.	我身邊雖然有一些人，但是我和他們並不是那麼深交	1	2	3	4
19.	我有可以傾訴的對象	4	3	2	1
20.	我有可以求助的對象	4	3	2	1

全量表的 20 條問題，量化成 1-4 分去衡量孤寂感程度，其中有 9 條問題為反向計分題目。總分愈高，代表孤寂感程度愈高。

😠 ☹ ☹ 😐 🙂

三・應對方法

如從上述自測中發現孤寂感程度較高，或有感忍受不了孤寂的感覺，以下紅綠燈步驟探索自己孤寂感的原因：

紅燈	**「停一停」** 讓自己稍稍停下來幾分鐘，先感受這一刻的「孤寂感」，並想想以下問題： 1. 除孤寂感一詞外，你還會怎樣仔細形容這種感覺？ 2. 這種感覺除這刻出現外，還會在甚麼時候出現？
黃燈	**「諗一諗」- 確認造成現有情緒之成因** 可造成孤寂感的原因數之不盡，亦較個人主觀的；因此，需先了解自己感到孤寂的原因。首先，可先從促發事件及前置因素（於下一部分提及）着手，如你可先評估自身的社交網絡及社交圈，檢視孤寂初步傾向質還是量。 若傾向量，探索擴闊社交圈的可能性或渠道。 若傾向質，探索以下問題： 1. 你認識的朋友一般會怎樣形容你？ 2. 有哪些關於你的部分，你願意與朋友分享，哪些你並不會透露半點？ 3. 遇上不同層次的朋友（閨蜜到「hi-bye friend」）時，你會怎樣與他們相處互動？
綠燈	**「再行動」** 以下為一些可回應上述發現的行動：

量	**質**
· 主動相約舊朋友 · 報名興趣班，以認識興趣相投朋友 · 參與認識新朋友的聚會	· 學習與自己相處 · 加強社交技巧及練習小聊天技巧，可多閱讀有趣新聞知識 · 如情況持續，建議可請專業人士協助

四 · 為甚麼有這個情緒出現？

孤寂感由很多原因或事件產生，社會心理學家 (Peplau & Perlman，1982) 綜合大部分情況並分成兩大來源：

促發事件 (Precipitating events)：促發個人感到孤獨的事件，如實際生活環境或社交關係結束轉變，如搬家、轉工、親人離世、與伴侶分手等，當下你還沒有關係上的連結，同時你又很清晰的感受到只有自己一人。

前置因素 (Predisposing events)：個人對社會關係的需求產生質或量上的改變。隨着人生階段的不同，個人對社會關係的需求會隨之改變，如在學時期較希望找朋友，大學或剛畢業時期較希望找戀人，生活穩定下來較希望找到承諾一生的伴侶等等，這些關係的需求若未能得到滿足，便會感受到社會關係的缺失；即使已找到朋友、戀人或人生伴侶，若雙方未能磨合，亦會出現「怎樣你都不明白我」的孤寂感。前置因素同時亦包含個人性格特質，如內向或害羞；及外在環境如文化背景等影響。

五 · 有甚麼可預防和注意？

如孤寂感只是偶然產生，我們可以這樣做：

☹ ☹ ☹ 😕 😐

學習與自己相處：

當你將要獨自一人的時候，你傾向會感到害怕還是享受？你會否因為害怕獨自一人的時間，而將自己的行程表排得滿滿？害怕獨自一人，希望脫離孤獨寂寞而尋求他人陪伴的，一般較難與別人建立穩固的關係。與自己相處，是一個將注意力從外界環境轉回自己身上的一個過程。有些人可獨自沉浸在自己的興趣裏一整天，也有些人當有數十分鐘的空檔便要瀏覽社交網站或致電朋友閒聊。與自己相處，沒有一個特定的方程式，惟獨需誠實地聆聽自己當下的需要，照顧自己當下的感受。誠實地問自己，「我選擇做這些事的時候，是因為我享受，還是因為我只想時間被填滿？」

建立社交技巧：

不知你曾否經驗過在對話中，會不知怎樣回話，或成了話題終結者。對某些人來說，「吹水」或許易如反掌，但對某些人來說，卻總是拿捏不到理想的交談社交距離。究竟我應該向別人分享甚麼或分享多少自己的事？

首先，關係是雙向的，當你願意向別人分享多少，別人便可以了解你多少。其次，朋友從閨蜜到「hi-bye friend」分成很多層次，每個層次我們都會展現不同的自己，別人如是。第三，社交相處需要一些小技巧，如積極聆聽、客觀及同理心的回應等；沒有人希望分享自己後會被批評。最後，若感到孤寂感讓你無法獨自深思上述問題，建議可嘗試致電各大社福機構的免費熱線，隔着電話與輔導員共同探索造成你孤寂的成因。

六‧應用例子

自電子科技發展迅速後，日常應用通訊軟件本應便利人際間資訊交流，社交媒體亦能讓親朋好友瞬間知悉所分享的大小事。然而，當真實面對面坐在對方前面時，那本該是實在的交流卻往往被瀏覽電話取替。甚至現在想要打電話找人，還可能要先傳訊息禮貌的問「現在給你打電話方便嗎？」這樣的一個大氛圍，就算被人群包圍，那孤寂感還是會油然而生。若能讓對方感受到無壓力的關懷，所有的行動可能一個擁抱、無聲陪伴、輕鬆聊天，可助受孤寂感困擾的人士再踏出與人交流的勇氣。

家庭層面

雖說家是避風港，但工作忙碌的家人經過一天工作後，在家相處的時間可能只剩晚餐、洗澡跟睡覺的時候。親近的人在身邊卻不能情感交流時，那是最遙遠的距離。遇到家庭成員感到孤寂，家人可以先調節自己的時間表，並預留空間將注意力放回對方身上，視乎家人的需要，邀請他們來一個有素質的相處。（註：那個時候的陪伴請務必放下手機，就算對方不說話，只要你陪伴，那就一起享受那無聲的片刻。拿着手機的「陪伴」，那只是一種存在。）

對話例子：

丈夫：「太太，我知道我最近常加班，到家後還有很多工事要處理，我很感謝你體諒我。但我也發現你的笑容少了，也常把自己關在房間裏，我想你知道就算我再忙，你的事一定是我的首要。今晚我早了回家，你會想我但一起做一點甚麼嗎？」

學校層面

在學校，對於有感到孤寂感的學生，教職員可以主動安排一些輕鬆的交流機會，並與學生建立關係，讓他知道自己在學校不是透明人。

對話例子：

老師：「小明，很多時候我都看見你自己一個，小息午飯如是，連分組活動你也只是等老師分配，老師看到有時候你想跟某些同學說話，但最後你都選擇放棄，我想其實你也想跟別人說說話，老師歡迎你隨時過來找我，我有時候也會再你聊聊天。」

職場層面

在職場上，不少職員選擇傾向壓抑情緒，以求在職場有好表現。同事和主管相對未必能容易察覺，但若有此察覺，可作出簡單的邀請或閒聊。就算這次被拒絕，因為目的不是得到最後答案，而是從發出邀請的行動上表達對方不是被孤立的一位，他的參與還是會被歡迎的。

對話例子：

同事：「我剛買了一些零吃，我覺得很好吃，你有興趣試一些嗎？」

參考資料：

Cacioppo, J.T., & Cacioppo, S. (2018). The growing problem of loneliness. *The Lancet, 391* (10119), 426

Peplau, L. A., & Perlman, D. (1982). Perspectives on loneliness. L. A. Peplau & D. Perlman (Eds.), *Loneliness: A sourcebook of current theory, research and therapy* (pp. 1-18). Wiley.

Resnick, B. (2019, August 1). 22 percent of millennials say they have "no friends". *Vox.* https://www.vox.com/science-and-health/2019/8/1/20750047/millennials-poll-loneliness

Russell, D. (1996). UCLA Loneliness Scale (Version 3): Reliability, validity, and factor structure. *Journal of Personality Assessment, 66(1),* 20-40.

情感麻木

一·情感麻木的特徵

情緒是人類與生俱來的自我保護機制，遇到危險或不確定時很自然會產生驚慌或憂慮、看喜劇時愉快開懷、經過一番努力後取得成果時我們會感到欣慰興奮。情緒便是對事物的認知而作出反應和感受的一種表現 (Kalat，2013，p.345)。一切看似是理所當然，有否想過我們若失去了這種對事物應有的反應和感受，不能再體驗到喜怒哀樂，人變得麻木，又會是一種怎麼樣的狀況呢？

情感麻木是一種對外界事物失去感覺和反應的狀態，正因為每一個對事物的適當反應和感覺其實是一種自我保護和個人成長的表現，情感麻木的出現是一種危險的狀態。比如夜深行經一條很僻靜的街道時，驚恐使我們行快一點；某些行為導致當眾出糗或被取笑，羞怯令我們減少這些行為。因此，若我們變得情感麻木，或會因而欠缺應對危機的意識、重複地做一些滋擾跟傷害別人的行為，而感受不到正面的情緒也會令我們失去對事物的興趣和動力，便會變得空洞和冷漠。

以下是一些情感麻木的表徵：

- 感受不到對事物應有的反應和感覺

　　（如看喜劇時不會笑、被責罵時感覺不到憤怒或失去心愛的東西時不感到難過）

- 不能表達強烈的負面或正面的情緒

- 對曾經喜歡的事物失去興趣

- 活着好像行屍走肉般

- 想與身邊的朋友和家人隔絕

- 與其他人感到疏離

- 不能投入生命

- 彷彿活在夢中與現實世界分隔

二・自我反思

以下是感受情緒能力的小測驗：

	是	否
1. 參與一些自己喜歡的活動時，我感到快樂		
2. 我感受不到大部分的情緒（如喜、怒、哀、樂等）		
3. 有些電影會令我感到傷感		
4. 當其他人變得情緒激動時，我可以無動於衷		
5. 當被欺詐時，我感到憤怒和無助		
6. 當與摯愛離別時，我感到不捨		
7. 當我得不到想要的東西時，我會感到失望和憤怒		
8. 我是一個很情緒化的人		
9. 沒有甚麼事情使我驚訝		
10. 我討厭被人侮辱		

第 1、3、5、6、7、8、10 題答案為「是」的得一分；第 2、4、9 題答案為「否」的得一分；得分愈高者則感受情緒的能力愈高。

題目參考於 Emotional Reactivity and Numbing Scale (Orsillo 等，2007)。

三‧應對方法

情感麻木可以為我們帶來很嚴重的後果。如果發現自己被這情緒困擾，最好的方法當然是找專業人士幫助。而以下是一些可以令人提升對感覺的察覺力的一些方法，大家亦可嘗試。

靜觀及覺察

由身邊微小的事着手，以仔細地聽、看、嗅、嚐、感覺，放慢自己在此時此刻，專注在接收外間訊息時自己的感受，以增加察覺力。心理學上仍沒有對感覺和行為反應的因果關係作出定論。究竟我們是因為驚慌所以逃跑？還是因為逃跑所以感到驚慌？又或我們因為感到開心所以笑？還是我們笑了，所以感到開心？這些問題在心理學上仍是待證中的議題。但確實有些研究實驗顯示行為可以改變感受 (Kalat，2013)。當我們察覺到自己好像對事物失去興趣，情感變得麻木時，我們可以嘗試用行動去提升對內心感受的察覺力。文獻和研究顯示瑜伽和靜觀練習可以提升我們對身體的察覺力和增強承受壓力的能力 (McCall，2017；Felipe & Knight，2010)。而經過瑜伽和靜觀訓練的人，他們處理情緒的腦神經細胞杏仁核 (Amygdala) 確實出現了變化，令他們更能從容地面對生活上的壓力 (Lazar，2011)。

呼吸練習

深呼吸是一個既簡單又容易的方法去幫助我們克服不同的負面情緒，每日花五至十分鐘的時間進行靜觀呼吸，更可以提升我們對自己感覺的敏

感度。方法是把注意力集中於自己的呼吸中，留意着每一次的吸氣和呼氣，盡量把吸氣和呼氣的時間拉長，可以按照自己的能力和表現決定呼吸的次數。若然在呼吸途中發現自己的注意力被某些思想帶走了，得悉這發現後便重新把注意力帶回到自己的呼吸裏去。就這樣觀察着自己的呼吸，我們訓練了自己的察覺力和減低對感覺的批判性。而當我們發現自己被某些思想帶走而決定暫時放下這些思想並重新把注意力集中於呼吸中，我們亦訓練了自己的自主能力。坊間或網絡上其實也有很多關於呼吸對身體的好處和不同呼吸技巧的介紹（例 Farhi，2003），大家不妨也參考看看。

四・為甚麼有這個情緒出現？

情感麻木的成因多與曾經經歷了強烈的和不能承受的負面情感有關。這可能是突如其來的情緒衝擊如經歷了創傷、至親離世、目擊或親歷搶劫或槍戰等令人感到情緒震撼的場面，又或是長期地經歷着不能承受的苦痛和身心上的傷害如家庭暴力、情感上的虐待或勒索等。當身體無法承受這種情感上的壓力而自身又無法逃離這種壓力的源頭時，情感麻木的心理防禦機制便慢慢地形成起來。這防禦機制本質上也是一種自我保護的方法；因為當自己與強烈的負面感覺切割了，身心便得到短暫的解脫和放鬆。但長遠來說這些被壓下來的負面情感可能會在其他渠道表現出來，如無緣無故地哭泣、身體痛楚、容易地變得激動、發脾氣或發噩夢等。而長期與自己的感覺隔絕了，人活着就好像遺失了自己一樣。

五‧有甚麼可預防和注意？

認識並提升對各種感覺的敏感度：

認識情緒是一種減輕被情緒困擾的方法，因為我們對事物的無知和不理解往往便是困擾的源頭。透過認識不同的情緒和理解它們的特質、產生的原因和可行的處理方法，增強了對它的認知能力和察覺性，讓我們不易變得麻木。從而當我們察覺到它們的來襲時，便能更有效地評估和得知應對的方法。我們怎樣能認識到不同的情緒呢？閱讀這本有關情緒的書已經是方法的一種，另外我們也可以上網尋找更多的相關資料或參與坊間的一些講座或工作坊，這也是認識情緒的有效方法之一。

確認和接受自己的感受：

我們可能自小便學會收起我們的情緒。你有否聽過父母或至親說哭泣是醜怪的行為、害怕是膽小的表現、而大笑則是不夠矜持。情緒表達在我們的傳統社會像是一件不被鼓勵的事，而負面感受彷彿亦被扣了一個不被接納的帽子。所以當我們遇到令人傷心和不快的事情時（如失戀或失敗），我們會嘗試否定自己有悲傷或失落的感覺。要知道，每一次對自己的感覺作出否定或不理會，我們加深了對自己感覺的不信任從而對它的察覺力亦會減弱 (Rogers，2004)。不被察覺的感受並非不存在，它們仍會影響着我們對某些事情的行為和反應。例如我們可能對某些人或說話會特別敏感，容易有激動甚至發脾氣的反應；又或我們可能會無原無故地哭泣等。

事實上，感受本身是沒有對或錯的，它只是身體對事物的自然內在反應。反而隨之而來的行為便有對錯和好壞之分。因為我們決不能做一些傷害自己和影響他人的行為。當知道情緒是由我們對某事物的感覺和隨之而來的行為反應所組成，我們便能學習接受和確認自己的感受，因為這樣才能幫助我們想出適當的行為反應。接受和確認自己的感覺是提升察覺力的第一步，世界上沒有人比自己更清楚自己，所以學習相信自己的感覺亦等如學習相信自己一樣。

多表達自己的感受：

確認和接受自己的感受是預防情感麻木的重要一步。不被理會的感受就好像存積於桶內沒有被清理的垃圾一樣，愈積愈多便閉塞得負荷不來。而表達我們的情緒就好像清理垃圾一樣，當桶內的垃圾被清理過後，空間騰空了便能容納和處理更多的事情。表達情感的方法有很多，當然底線是以不傷害自己和影響他人為最理想。與朋友或親人傾訴是一種有效的方法，但若找不到合適的傾訴對象，我們也可以選擇另外處理情感的方法，如寫日記、跳舞、繪畫、聽音樂、運動和栽種等，最重要的是找到一些適合自己的表達方法。

透過情感的表達，我們加深了對自己的認識和了解，例如知道自己喜歡甚麼和厭惡甚麼，那些事件情會令自己恐懼、那些會感到快慰，加強了自己與內心的聯繫亦是建立身心健康的重要一步。

六 · 應用例子

情感麻木有可能會讓人出現自我懷疑：到底是不是自己太過麻木兼不仁，對世事再沒有感覺？以下是一些在家庭、學校和工作環境中的有機會出現的一些麻木感受。我們首先要作自我提醒，不要太快下定論去怪責自己，反而慢慢了解自己當中的感受，再疏理內心的需要，適當時找個自己信任的人去表達，讓情感得以抒發。

家庭層面

夫妻、親子間的良好溝通、跨代的正面互動，也是維繫家庭和諧關鍵。家家有本難念的經，相處多年的家人，其實最不善於向對方表達自己的感受。為避免出現情感麻木，鼓勵家庭成員之間創造一個安全互信的空間，例如：定期舉行家庭會議、建立通訊群組，維持開放和真誠溝通，讓每個人都可以表達他們的情感和關注。

有時候子女青春期時較大機會出現情感麻木，定立優質時間 (Quality Time)，例如家庭活動、遊戲、戶外郊遊等，都是促進情感聯繫的活動。更重要的是各人的情感支持，互相提供傾聽的耳朵，理解彼此。

學校層面

在學校營造一個互相支持的環境，促進學生和教師之間的良好關係，鼓勵情感表達和建立同理心文化。同時也特別關注校園的欺凌問題，避免在處理有關問題時出現情感麻木的情況，讓受害人再度受傷害，變得不

敢保護自己，助長欺凌者橫行霸道的心態。長遠而言，如果能將情感教育納入課程當中，從小教導學生有關情感和管理壓力，好能讓學生可以在遇到情緒困難時向同儕或專業人士尋求幫助和支持。

職場層面

要避免員工在工作出現麻木，需要保持工作與生活平衡，鼓勵員工有足夠休息、善用假期並作自我照顧。公司亦應提供資源，幫助員工定期接受心理健康教育，提醒他們好好管理壓力，處理好情緒，同時也改善職場間的溝通，避免紛爭。同時也要準備好事業輔導的支援，讓員工好好了解自己的興趣、能力、優勢和價值觀，不致於只為金錢而工作並變得麻木。

參考資料：

Farhi, D. (2003). *The breathing book: Good health and vitality through essential breath work.* Henry Holt & Company Inc.

Felipe, L. & Knight, M. (Jan 2010). *Mindfulness: history, technologies, research, application.* https://docplayer.net/21499397-Mindfulness-history-technologies-research-applications.html

Kalat, J. W. (2013). Biology of Emotion. In J. W. Kalat's *Biological Psychology* (11th Ed., pp. 346-375). Wadsworth Cengage Learning.

Lazar, S. (2012, Jan 23). *How meditation can reshape our brains: Sara Lazar at TedxCambridge.* [Video]. Youtube. https://www.youtube.com/watch?v=m8rRzTtP7Tc&feature=youtu.be

Lindberg, S. (2020, April 4). *What is emotional numbing?* Verywellmind. https://www.verywellmind.com/emotional-numbing-symptoms-2797372

Luna, A. (2012). *13 Signs you are struggling with emotional numbness (the secret illness).* Lonerwolf. https://lonerwolf.com/emotional-numbness/

Mccall, T. (2008, June 20). *Understanding the Mind-body Connection.* Yoga Journal. https://www.yogajournal.com/teach/yoga-therapy-and-the-mind-body-connection-part-1

Orsillo, S. M., Theodore-Oklota, C., Luterek, J. A., Plumb, J. (2007). The development and psychometric evaluation of the emotional reactivity and numbing scale. *The Journal of Nervous and Mental Disease, 195*(10). https://doi.org/10.1097/NMD.0b013e318156816f

Rogers, C. R. (2004). *On Becoming a Person.* Little Brown Book Group.

本章總結：

被抑鬱家族所困擾的朋友，可以：

- 學懂自我慈悲，「因為懂得，所以慈悲」不只適用於對愛慕的人，還有自己。失落有時，但仍要關懷和慈悲自己。
- 擺脫過去的牽絆，活好當下，為自己建立可專注完成的小任務。
- 多與別人聯絡，良好的社交生活可提高幸福感。

在抑壓與爆發的邊緣，想放下又禁不住盤算。

對外的憤怒會傷人，對內的憤怒則傷己。憤怒、憎恨、矛盾和內疚使人陷入感到不公平、想要對抗、痛憎，卻又控制自己不能任意妄為。憤怒家族的感受皆由外間事物不如我們預期所產生，適度憤怒可促使我們對抗不滿，並開拓了不同角度的思考和提供解決問題的動機；但失控的情緒、不理性的報復、心懷仇恨和怨懟，皆對身心靈有害。

憤怒家族
的成員

憤怒

憎恨

矛盾

內疚

憤怒

一・憤怒的特徵

不該是你的職責，默默幫忙，多謝沒有半句，只怪你做不好；不認識的陌生人在摩肩接踵的街道上撞到你，還大聲吆喝：「搞錯吖！盲喋！」從來沒有說過的話，被生硬說成你的宣言，「明屈」的；好聲好氣說了很多次，子女仍舊犯同樣的錯，當你「講嘢耳邊風」。還有許多，無名的小事，也足以令我們怒火一觸即發。但是，以火滅火，結果會是怎樣？以憤怒去回應憤怒，結果也同理。

然而在怒火中燒時，我們會像熱鍋上的螞蟻，亂竄不安，處於憤怒的漩渦中，就像抓着一塊熱煤想要投擲向他人，傷害別人的同時自己也受傷。研究指出，由我們看到或聽到和接收到外間訊息，只要在 0.25 秒間，處理情感的腦區——杏仁核 (Amygdala) 便可啟動憤怒的情緒。而生氣時，我們的腎上腺素會上升，引起血管擴張，血流量和呼吸會明顯加快、面紅耳赤、肌肉收緊等。大腦的前額葉皮質 (Prefrontal cortex) 亦因生氣而啟動，並平衡由處理情感的腦區——杏仁核所產生衝動的即時情緒反應。憤怒之所以危險，是因為它與很多不理性的暴力、傷害、

衝動有顯著較高關聯性。憤怒的情緒令人不快，絕少身心健康的人會享受生氣或特意讓別人直接生氣 (Locker & Wilmot，2018)。持續憤怒還會對身體有顯著的負面影響，美國杜克大學行為醫療研究中心的 Dr. Redford Williams，曾經在 2003 年發表一項研究，說明長期的憤怒會讓一個原本健康的人在短時間內快速累積惡性膽固醇，因而增加致命心血管疾病的風險，患上其他身體疾病，如中風、心臟病、糖尿病和癌症的機率也大為提高。

簡單來說，憤怒可以分兩種，一種是向外的憤怒，另一種是向內的憤怒。向外的憤怒表達性會較強，大聲疾呼、充滿挑釁和對抗的行為也算這種。而向內的憤怒則是較多自我懲罰，把外間引發的憤怒的壓抑，不如意的事歸咎於自己，也就是「自己瘟自己」。根據香港大學運動及潛能發展研究所 Dr. Jonathan Maxwell 的研究，香港人雖不表達極端的憤怒情緒，但會沉思於負面的憤怒情緒 (Anger rumination)，包括較高的憤怒記憶、事後憤怒、報復思想和憤怒原因。

二 · 自測

以下自測可協助大家了解一下自己的憤怒程度：

0 分：代表完全不同意

1 分：代表不同意

2 分：代表有時同意有時不同意

3 分：代表同意

4 分：代表完全同意

1. 我容易被激怒	
2. 我的脾氣暴躁，但無法控制	
3. 我很多時會感到憤怒	
4. 我是一個急躁的人	
5. 工作表現出色但沒有認可，我會感到憤怒	
6. 因別人的錯而影響到我，我會生氣	
7. 當我生氣時，我會無法集中要做的事	
8. 真正憤怒時，我會無法控制自己	
9. 會因別人的意見或批評而暴跳如雷	
10. 受到挫折與委屈，往往會忍不住說粗話和反駁	

分析

- 總分多於 30 分表明你很易憤怒，常感到明顯的憤怒和憤怒正影響你，需要正視。

- 20-29 分是有時會憤怒，憤怒在某些情況下會影響你。

- 10-19 分是偶爾會因事憤怒，憤怒在較少情況下會影響你。

- 低於 10 分代表你目前未受憤怒影響。

＊以上的自我測驗是根據憤怒的表徵而設計，並非正式臨床診斷；若有任何疑問，請諮詢專業人士如心理學家或精神科醫生，以取得最可靠和切合的診斷。

三・應對方法

憤怒如何處理？有些人不會按捺，大聲喝罵發洩，有些則在一旁瘟自己，躲起來「打枕頭」，不敢在別人面前表達自己的憤怒，害怕發怒會影響人際，也怕自己失控。苦苦抑壓，時常徘徊在擔心和壓抑間，不得宣洩。憤怒情緒與歸因、所接受的資訊和如何看待所接收資訊有很大關聯，把自己在憤怒中抽離，在感受和行動之間進行分隔，可以協助我們製造一些空間給自己去疏理情緒。而面對過多的憤怒，可以有以下的方法處理。

拿一面鏡子看自己：

憤怒時，拿一面鏡出來，即時照見自己時，你會發現自己怒目仇恨的面貌。每次生氣，就先觀照自己，問問自己：這個生氣時的我，是否可以有效和理想地表達自己？如果不能的話，就先平靜下來，再思考更多有效的方法去處理事情。

身體掃描，調整呼吸：

立即覺察身心狀態，由頭到腳掃描自己，頭部有甚麼感覺？是很緊、很熱？還是其他？然後到面部肌肉、下顎，眉頭感覺是怎樣？面部肌肉有沒有收緊？再掃描至肩和頸，雙肩有聳起嗎？到雙手和身體狀態，拳頭

有握着嗎？心跳又是如何？雙腳肌肉緊嗎？掃描身體由頭至腳，若覺察自己某一部分肌肉很緊時，就有意識地去放鬆，然後一面提醒自己要放慢和放輕呼吸。

從一百倒數到一：

不需要一秒，情感腦區杏仁核 (Amygdala) 便可啟動憤怒的情緒，當理性還未來得及反應，可以在心中默數，由一百至一，把自己的注意力從憤怒情緒中轉移，冷靜後再仔細分析自己憤怒的原因。

適當地宣洩：

「屈屈埋埋好易病」，這裏說的宣洩不是報復，而是有平衡的生活，千萬別聚焦令你憤怒的人和事，適量運動、良好的人際交流和有個人興趣對於消減憤怒有正面幫助。

不要把事情災難化或以非黑即白來看待：

憤怒的程度很取決於我們如何理解所發生的事，若果因一件事而受別人批評，我們可以認為是「因我做這件事和別人的想法 / 做法不一樣，因此他 / 她批評我」，也可看成「別人一定很討厭我」或「我做甚麼別人都針對我」前者和後者的分別在於是以個別單獨的角度看待發生的事，還是廣泛地、災難化地看待。學習以多角度分析，擺脫非黑即白的思維框架。

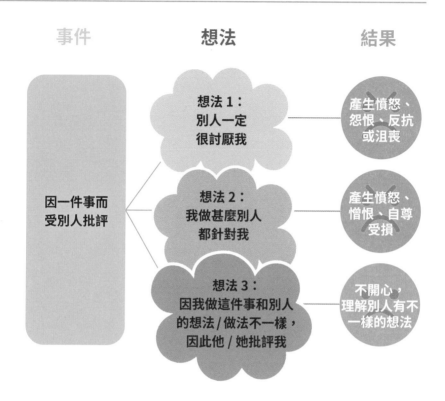

四・為甚麼有這個情緒出現？

憤怒的誘發點往往是計劃、目標或利益受阻，或感到被背叛、批判、不公平。對誘發憤怒事件本質的歸因會影響我們的行為反應，由接收外間信息，例如是聽到或看到一件事，我們會產生情緒反應，當大腦去分析再指令我們行動。因此，如何看待和歸因事物會有不同結果。例如，當小朋友扭計不肯做功課時，若你的歸因是「他故意對抗！」結果便會很生氣。然而當你的歸因是「他因為今天去生日會而很興奮，比平時難專心做功課」，你會因理解多一點而消減憤怒。

相信我們也不同程度地做過憤怒的苦主，但憤怒真是如此一無是處嗎？澳洲天主教大學教授 Johnmarshall Reeve (2014) 指出，憤怒可促使人們對抗和不滿，並開拓了不同角度的思考和提供解決問題的動機，也釐清如何有效地應對困難，協助我們找到資源解難和克服障礙。美國哈佛大學公共衞生研究所的另一項針對兩萬三千多名受試者進行的研究發現，適當表達憤怒的人，體內的免疫細胞功能在表達情緒後會回到正常，甚至腦部胺多芬的分泌還會增加，出現愉悅感；因此發怒的時間少於 30 分鐘，對身體其實有好處。

所有情緒都有四個共通點：主觀的、具生理基礎的、具功能的、表達性的 (Reeve，2018)，憤怒也一樣。在憤怒之下，其實還夾雜了許多其他情緒及信念，如感到別人與你對抗、對事情失望或感到不公平、更深層次的也許是觸發憤怒的事件令我們的自尊受損，也示意着別人對我們的否定，這種容易憤怒的狀態尤以那些自視很高的人為甚。

憤怒

**失望、事情不似預期、
不知所措**

**自尊受損、不公平、
不被重視和尊重、欠缺安全感**

憤怒情緒金字塔

五・有甚麼可預防和注意？

憤怒是每個人都會感受到的情緒，適當的憤怒使我們有更佳的動機，但過多的憤怒則會容易導致衝動或產生暴力。在平衡憤怒時，我們可以這樣處理。

靜觀與覺察：

每天給自己 10 分鐘時間練習靜觀，讓自己安靜坐着，雙腳平放雙手自然輕放在大腿上，專注在呼吸，感覺自己，接納自己的情緒與想法。

時刻對自己慈愛：

了解憤怒是正常的情緒，關懷憤怒的感覺是因為內在伴隨了甚麼想法？有沒有把不必要的信念附加在事件上？不需要因感到憤怒而自責，卻可提醒自己可以將感受和行為分開，把專注力放於解決事情而非報復上。

練習以多角度思考：

全面地分析人的行為，以客觀取代主觀，避免絕對化和非黑即白的想法，同時提醒自己不能要求每個人也和自己的想法和做法一致，接納多元。

六・應用例子

家庭層面

當憤怒情緒在一個家庭中出現時，往往會相互傳遞，影響家庭成員之間的情緒感受和溝通方式。憤怒情緒具有高度的情感能量，它可以像傳染病一樣在家庭成員之間迅速蔓延。

當感到憤怒時，情緒往往會透過語言、肢體和面部表情等方式表達出來，這種表達方式會影響其他家庭成員的情緒狀態，並很容易引起他們的憤怒反應。例如，如果一個家庭成員大聲叱責另一個成員，這可能會引發對方的憤怒和防衛反應，又可能是激發出害怕、受威脅或恐懼的氛圍，進一步加劇了整個家庭的負面情緒。

而當家庭成員在憤怒的情緒下進行溝通時，他們可能使用貶低、攻擊性或挑釁性的語言。這樣的溝通方式通常會加劇憤怒情緒，並導致更多的衝突。因此，當家庭成員出現憤怒，我們應先覺察自己的感受，心理上若不能即時穩住自己，建議先冷靜下來。若有空間，可以平靜的語氣回應對方的情緒，例如：「我感到你這一刻很憤怒，這個憤怒是因為……」讓對方知道我們有在關心其情緒和感受。注意說話時的聲音和語調，輕一點和慢一點回應，以把平和的情緒傳遞給對方。如果家庭成員能夠選擇使用冷靜、尊重和理解的方式進行溝通，這有助於減輕憤怒的情緒並促進更有效的解決衝突。

學校層面

學生在校不僅要面對學業壓力，還有人際關係和不同的成長挑戰，而老師亦要在繁重的工作當中保持身心平衡，實屬不易。憤怒可能是因一事件引起，也有可能是日積月累的爆發。常見在學校出現的憤怒情況可能涉及師生溝通中的衝突、同儕間欺凌、受不公平對待、歧視或個人情緒加上外界刺激在一瞬間的爆發。在校遇上憤怒，假若是當事人而沒有爆發更大的衝突，可以先讓自己安靜片刻，摸著手腕上脈搏，由一數到一百，穩定自己的呼吸，在情況許可下到洗手間或拿一面鏡出來，即時照見自己。

若遇上別人的憤怒，亦宜先以較平靜的語調回應對方的情緒，邀請對方在沒有其他干擾或刺激的環境坐下，「你可以告訴我現在是怎樣的感覺？」積極聆聽和不加個人的批判，嘗試總結對方的話，再相討他（們）認為可行的解決方案。

職場層面

職場中常見的憤怒爆發可由深層、表面、遠或近的衝突引起，如前所述，憤怒的程度很取決於我們如何理解所發生的事，以多角度思考和分析事情可有效降低從自身主觀角度所產生的執念，和避免陷入非黑即白的思維模式。

職場管理者宜以開放態度，多關注和聆聽員工的感受，及時疏理壓抑的情緒，而不至於積累怒火。每個職級的員工都承受着不一樣的壓力，不論是個人或是團隊，能協調的憤怒應盡力以積極的的態度和正面溝通方法去處理，平時多絲習積極的自我對話，如「我現在感到憤怒，是因為……，所以我可以……」、「現在遇到……，我先覺察自己的內心需求是……，我可以先平靜和疏理自己的情緒與想法，再尋求和同事的協調方法。」

參考資料：

American Psychiatric Association. (2013). *Diagnostic and statistical manual of mental disorders (5th ed.).* American Psychiatric Publishing.

Locker J. L. & Wilmot, W. W. (2018). *Interpersonal conflicts. McGraw Hill*

Reeve, J. (2018). *Understand motivation and emotion* (7th ed.). Wiley & Sons, Inc.

憎恨

一 · 憎恨的特徵

在華人社會中，若別人問你「一生中你有恨過一個人嗎？」，大家第一反應通常都不太自在，有時會否認，有時則會表示自己心境豁達，不存仇恨。其實，憎恨也是常見情緒之一，它與華人文化息息相關。「憎」可解作憎惡，佛家《廣弘明集 · 誠功篇序卷 · 第二十七卷》曾提及「七情者，喜、怒、憂、懼、憎、愛、惡欲者也」，七情六慾中的七情就包括了「憎」；而「恨」可解作痛恨，是一種令人痛心的仇恨。廣東歌《愛你變成恨你》中，詞人林夕以「不能懷念愛惜、不如懷恨更激、恨人亦要花氣力」道出失戀者既痛恨前度，而又筋疲力盡的痛心感受。雖然憎恨常見，但在心理學領域中一直沒有太多研究分析，直至在 2001 年在美國發生了「911 事件」，心理學家才知悉仇恨的影響力，開始着手進行深入分析，美國心理學會更於 2005 年出版了 *The Psychology of Hate*（《憎恨心理學》）一書，才對憎恨有較透徹的了解。

我們一生人當中或多或少也憎恨過一些人，Royzman 等 (2005) 將憎恨描述為人類歷史上最具破壞性的情緒反應，認為憎恨可挑起個人之間或團體之間的憤怒，繼而激發鄙視、侮辱、復仇、攻擊、破壞等行為。事實上我們每天也可能察覺到因憎恨而引發的口角、爭執、衝突、甚至戰爭，可見憎恨對我們的人際關係、社會以及國際造成某程度上的威脅，身為獨立個體的我們又該如何判別自己是否有懷「憎恨」在心，憎恨會否過度而干擾日常生活呢？

二‧自測

請小心閱讀以下每一個句子，並在「是」或「否」的方格內打「✓」。

	是	否
1. 認為某人或某團體是邪惡的		
2. 認為某人或某團體沒有一些好的特質		
3. 認為某人或某團體性格不好		
4. 認為某人或某團體是不道德的		
5. 認為某人或某團體無法改變		
6. 認為某人或某團體會傷害你或你關心的人		
7. 認為攻擊或某人或某團體是合理的		
8. 認為你永不能原諒某人或某團體		
9. 想起某人或某團體會咬牙切齒		
10. 會斜視着某人或某團體		
11. 想起某人或某團體會翹起上唇		
12. 感覺會鼓勵他人攻擊某人或某團體		
13. 會想像發生在某人或某團體身上的壞事		
14. 對將來可能要對某人或某團體採取的行動產生愉快的想法		
15. 準備對某人或某團體採取行動		
16. 尋找機會對某人或某團體採取行動		
17. 希望某人或某團體受苦		
18. 希望某人或某團體從你的生活中消失		
19. 想要擺脫某人或某團體		
20. 希望某人或某團體不再威脅自己		
21. 希望以某種方式傷害某人或某團體		

分析：

- 若你在以上 21 項中，有超過 14 項中剔選了「是」，你的憎恨感受
  很有可能較一般人高，需要正視。
- 若有 7-13 項剔選了「是」，憎恨在某些情況下會影響你。
- 有 6 項或以下剔選了「是」，你可能偶爾受憎恨影響。

*以上的自我測驗是根據 Roseman 等 (1994) 列寫的一系列憎恨反應
而設計，當中擷取了與憎恨有關的思維、表達、行動傾向、實際行
動及動機作為本測驗的題目，所以此測驗並非正式臨床診斷；若
有任何疑問，請諮詢心理學家或精神科醫生，以取得最可靠和切
合的診斷。

三・應對方法

一般人不太喜歡憎恨的感覺，其中一個原因，就是因為憎恨帶來破壞，
同時很累人，而我們大部分人都不希望自己或身邊的人受到傷害；所以
很多人認為只要迴避它，憎恨自然會慢慢消退。但是憎恨是一種高能量
的情緒，它很少會隨時間流逝，抑壓或迴避它只會讓它行動化 (Acting
out)，透過行為如衝突、攻擊、破壞，甚至增加緊張情緒，導致磨牙、
肌肉繃緊、失眠、食慾不振等。因此，我們首先要好好接納憎恨的存在，
告訴自己憎恨並不邪惡，只要好好地去應對自己內心的憎恨，我們仍可
減低它的破壞性，與他人保持良好關係，我們可以用以下的方法處理。

優雅地表達自己感受：

憎恨當中肯定包括憤怒，部分人或會對表達憤怒感到不安，認為憤怒只會破壞。結果會惹人討厭，自己又很沒儀態及教養。如果你也有相同想法，意思就是說你不知道我們可以好好地控制自己表達憤怒，在不粗魯、不野蠻、不失控的情況下表達出來。美國心理學家 Thomas Gordon (1960) 提出的「我訊息 (I-message)」是一種着重表達自己想法，而非指責對方「都是你的錯，如果不是你……」的溝通模式。「我訊息」由感受、事實以及期望三個部分組成，它以「我」成開頭，從個人真實感受出發，加上客觀事實敘述，更能清楚表達自己的看法及期待，這種方式可以優雅而堅定地表達自己感受而不失霸氣。例子：「我剛才覺得很失望、難過，因為你忘了今天的約會，讓我覺得不被尊重，我希望日後大家可以說到做到，就算不能到也要預先通知對方，我才覺得大家重視對方。」

嘗試利用換框術 (Reframing)：

當你憎恨某個人或某團體時，你只會看到他或他們的缺點、不是或曾對你造成的傷害。個體心理學之父 Alfred Adler 於 1958 年曾說過「一件事的意義不是由情境決定，而是由我們賦予情境的意義來決定的」，

意思是我們可改變對事件的觀點來改變我們對人與事的感受。框架 (Frame) 為我們的思維提供了背景，就像相框為你在相片中看到的東西劃定了邊界一樣，而平日的思維框架就基於我們對自己和他人的某些信念、自己在生活中所扮演的角色、自己在能力上的局限性。若我們能更換自己的思維框架——換框術 (Reframing)，隨之轉變自己的觀點，就可看到更多的可能性，進而增加我們擁有的自由度。曾經有個案告訴筆者，他一路成長以來都很憎恨曾經欺凌過自己的人，為此有一段頗長時間感到抑鬱；但當他回首過去，他要感謝那些加害者，有此經歷他才學懂如何保護自己，建立更健康與對等的人際關係。

寬恕：

正向心理學家 Martin Seligman (1994) 的研究發現能夠寬恕曾傷害自己的人所感受到的憤怒、悲傷和消極感都較懷恨在心的人輕微。專門研究寬恕的美國心理學家 Everett Worthington (2003) 也認為「你不能透過憎恨加害者來傷害他，但你可以透過寬恕讓自己更自由」。寬恕這一步並不容易，但我們可以慢慢嘗試，可以由寫一封「寬恕信」開始，這封信僅供自己紓發感受，不應寄出至任何人，信中可以表達自己的憤怒，並嘗試以法鼓山創辦人聖嚴法師 (2014) 的四「它」為基礎，「面對『它』、接受『它』、處理『它』、放下『它』」，透過一步步地面對問題、接受問題、處理問題和放下問題，我們才可以「放過」自己與「放過」別人。

四・為甚麼有這個情緒出現？

憎恨是常見的情緒之一，它的出現主要是想保護我們免受傷害，它具有一些獨特的功能，例如幫助我們迴避或除去生活中一些令自己憎厭的人或團體。在精神醫學及心理學領域中，憎恨也並不是任何一種情緒病的病徵 (Livingstone，2020)，但憎恨過度或可成為其他情緒及行為問題的誘因，如敵對、衝動、及反社會行為等。然而，憎恨與憤怒給我們的感覺很相似，Fischer 等 (2018) 亦證明憎恨當中有憤怒，但他們之間還是有差別，憎恨較常涉及整個人或團體，而不是某個人或團體的特定方面，需要較長時間累積及沉澱才產生；而憤怒則較常針對某人或團體的其中一個特定範疇，例如其言行舉止，產生的時間也較短。簡單來說，你憎恨一個人可以是因長時間觀察其整體人格問題，而你對一個人生氣可以是因為其所作所為對你即時造成的影響。

憎恨這種感受除可以對外予以他人，其實亦可憎恨自己 (Self-loathing)。以進化角度來看，我們天生會避免犯錯來增加自己的生存機會，因此天性會使我們容易記着自己的過錯來避免未知的危險。有些人因過去經歷，如成長過程中重要他人 (Significant others) 對自己要求很高、或曾被人傷害，往往會為自己的過錯與缺點（如不夠聰明、不夠吸引、不夠自由、不夠特別等）而憎恨自己。適當地對自己感到不滿可以令自己有進步的動力，但當走在自我憎恨的道路上只會讓自己的精神健康變得更糟，不僅對你，而且對你周圍的人也是如此。Powell 等 (2014) 研究發現憎恨自己會增加抑鬱、飲食失調、自我形象低落、人際關係、自我脅迫問題。

五 · 有甚麼可預防和注意？

有些人可以做些使你立即生氣的事情，但是通常你需要更多經歷來憎恨某人或某團體，所以我們可以嘗試用以下方式預防自己產生憎恨。

在憤怒階段已嘗試處理，勿讓憤怒轉化成憎恨：

不要讓自己的憤怒情緒累積至憎恨程度，建議你在自己生氣時就開始着手處理自己的感受，可利用靜觀方式（詳見附錄）協助專注在自己的身體感覺、感受與想法，並接納它們的存在。有時在人際相處之間會累積許多不滿，但若缺乏自我肯定的態度把不舒服的感覺表達出來，久而久之只會苦了自己；如果能有效地排解這些負面情緒，不但令自己輕鬆，也會避免做出讓自己後悔的行動。

減少偏執思維：

長期的偏執思維會使我們合理化、正常化一些貶抑或輕視別人或自己的想法，因此嘗試多角多思維可有助我們減少偏執思維，保持客觀持平的態度。

與自己建立正向關係：

學懂得欣賞自己，建議每日花三分鐘欣賞自己所作的好事，好事不一定要有具大迴響，有時感激自己所作的小幫忙、感恩發生的小確幸，也可增加自己的正向因子，平衡內心的負面感受。

六・應用例子

在家庭、學校以及職場中，單一衝突事件較常引發憤怒，但累積多次不同程度的衝突事性，就容易產生憎恨。在同不情境應對憎恨的關鍵在於建立尊重，建議利用前文提及的「我訊息」進行溝通。

家庭層面

家中較成熟的成員，例如父母或其他長輩應該成為良好的榜樣，在表達意見或立場時尊重他人，他們也應該鼓勵家庭成員之間的積極溝通，在尊重的基礎上化解衝突。

對話例子：

父親：「班主任告訴我，最近學校裏你一直在不斷地中傷妹妹，這件事讓我感到很困擾。這樣的行為會對你們姐妹的關係造成負面影響。我相信你這樣做可能有你的原因，我希望能聽聽你的想法和感受，並一起討論改善溝通和關係的方法。」

學校層面

在學校，憎恨可能表現為欺凌、排斥或者對某些群體的歧視。如任何教職員發現此等情況，學校應該立即介入並教導學生尊重和包容。

對話例子：

老師：「我對於這個班級中有同學被一群本校學生在社交媒體上被辱罵感到痛心，因為該名同學已受到極大困擾。對於欺凌行為，我們必須共同努力制止，如有任何意見表達，我期望大家在彼此尊重的情況下討論解決辦法。」

職場層面

在職場上，憎恨可能表現為競爭、嫉妒或者不公平對待。如發現同事之間有惡意中傷或其他衝突，主管應該立即介入，協助同事建立開放及尊重的溝通平台，並鼓勵團隊理性表達意見。

對話例子：

主管：「我對於團隊中有人對同事作人身攻擊感到憤慨。這樣的行為會令當事人苦惱，也破壞團隊合作。如果有人對其他人有不滿，我希望大家能夠向我提出，一起尋求解決方法。」

參考資料：

Adler, A. (1958). *The education of the individual.* New York: Greenwood Pub Group.

Fischer, A., Halperin, E., Canetti, D.; & Jasini, A. (2018). Why we hate. *Emotion Review, 10(4)*, 309–320. https://doi.org/10.1177/1754073917751229

Gordon, T. (1960). *P.E.T., parent effectiveness training: the tested new way to raise responsible children.* P.H. Wyden

Livingstone, B. (2020, May 29). *Is hating someone because they are different a mental illness?* https://www.mentalhelp.net/blogs/is-hating-someone-because-they-are-different-a-mental-illness/.

Powell, P. A., Overton, P. G., & Simpson, J. (2014). The revolting self: An interpretative phenomenological analysis of the experience of self-disgust in females with depressive symptoms. *Journal of Clinical Psychology, 70*(6), 562–578. https://0-doi-org.lib.hksyu.edu.hk/10.1002/jclp.22049

Roseman, I., Wiest, C., and Swartz, T. (1994). Phenomenology, Behaviors, and Goals Differentiate Discrete Emotions. *Journal of Personality and Social Psychology, 67*(2), 206–221. doi:10.1037/0022-3514.67.2.206

Royzman, E. B., McCauley, C., Rozin, P. (2005). From Plato to Putnam: Four ways to think about hate. In Sternberg, R. J. (Ed.), *The Psychology of Hate* (pp. 3–35). American Psychological Association.

Seligman, M.E.P. (1994). *What you can change and what you can't: The complete guide to successful self-improvement.* Knopf.

Worthington, E. L. (2003). *Forgiving and reconciling: Bridges to wholeness and hope.* InterVarsity Press.

聖嚴法師（2014）。《法鼓山的行動方針心五四運動》。法鼓山文化中心。

一・矛盾的特徵

以成語「笑中有淚」及「淚中帶笑」作始，或許較容易帶領我們進入矛盾情緒的意境。開心時流淚或傷心時笑，這樣的反差，有時都讓我們對自身的心理狀況感到霧裏看花，不明就裏。不少現代愛情劇亦描寫着那愛恨交纏的感情，到最後，主角通常會明白一個大道理：「原來一直以來我對你的恨，只是因為我對你深深的愛！」。哭笑不得及悲喜交集等矛盾情緒的結合讓我們先明白到：矛盾情緒至少由兩個情緒同時相互轉化而成，及當中一定包含正面及負面情緒。這與心理學上對矛盾情感 (Ambivalent) 的定義不謀而合，即「同時產生感覺良好及不良好的情感、意向或觀念」(Lunardo & Saintives，2018)。

因同時有兩種截然不同的情緒在相互轉化，導致當矛盾情感出現時會產生「凝固」狀態，這種狀態仍會刺激我們，形成壓力，導致遲疑不決，模棱兩可。因此，矛盾狀態下的身體反應亦相較不明顯，不易覺察。惟此狀態容易讓人產生失控感，懷疑自己的能力，繼而對現狀出現無力感。

另外，矛盾情感除單純的正、負面情緒在心底內發酵外，表達個人感覺亦可能演變成二次矛盾感。根據 Katz & Campbell (1994)，表達矛盾情感的方式可分為三種形態。

（一）抑制表達：希望可以表達內心想法，但最後決定忽略想表達的需要。

例如：我希望表達我的不滿，到最後卻不說。

（二）勉強表達：表現出來的並不是心中所想要表達的。

例如：當我說到最痛處，我卻邊笑邊說。

（三）後悔表達：當表達心中想法後，後悔了。

例如：當我表達我的憤怒後，我反而感受到罪惡感。

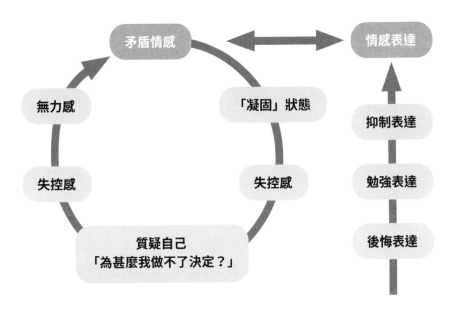

二 · 自測

生活上，經常會遇到常令我們感到矛盾的情況，程度則視乎我們對自己的能力感、自信心及創意思維而定。如，一條經典摯愛問題「若果我跟你媽媽一起掉進水裏，你會先救哪一個？」。主角要經歷從二選一的矛盾掙扎，到表達抉擇後所面對的後果（媽媽或摯愛的反應）的二次矛盾⋯⋯慶幸現今網絡上已有不少有創意又不得失兩邊的答法可供參考。

以下另有一些生活例子，未必與你的經驗完全吻合，惟希望可刺激你，回想屬於你的矛盾時刻：

1. 當你因為可以吃漢堡包薯條而開心時，但又為因進食快餐的反式脂肪及卡路里而憂心。

2. 當你精心打扮後充滿自信的去約會，惟仍被批評而失望。

3. 當子女表現不錯時，你雖為此感到開心欣慰，但又因擔心子女會因被稱讚後而後勁不繼。

4. 當你受到讚賞，但因怕被旁人錯誤解讀為驕傲自滿而要抑制喜悅之情，甚或只歸因於運氣，最後猶豫着「我應怎樣表現？」。

5. 當你工作忙碌時，你期待休息；惟當你可甚麼都不做時，又害怕那陌生的閒適狀態，久久不能放鬆，最後疑問着「我其實想怎樣？」。

6. 當工作變得穩定卻沉悶時，你的內心提醒你人生只得一次，惟當真要辭職時，又讓你遲疑，最後疑問着「我真的要這樣做？」。

除上述六項提供的矛盾情緒外，下列兩項為矛盾表達形態的例子。請留意，矛盾表達形態或會於單一事件中個別出現，或會以連續形式出現在相關事件中。

7. (a) 當你初到新工作環境，發現同事間習慣在背後說三道四，你雖很想靠攏「埋堆」，但另一方面又很想告訴同事，你不想參與在背後討論別人的聚會，最後每當你受到邀約，還是不推卻的赴約了？ [抑制表達]

(b) 赴約後，你的同事邀請你發表對某同事 A 的看法，你其實對該同事沒有特別意見，你卻硬說了一些同事 A 的不是。[勉強表達]

(c) 最後你成功與說三道四的同事混熟起來，甚至整個辦公室都知道你對同事 A 的不滿，造成你與同事 A 間的芥蒂。[後悔表達]

8. (a) 當你到達適婚年齡，惟你的伴侶仍沒有任何結婚的打算，你很想告訴他 / 她「唔結便分」這個信息，但你忍住沒說出口了。[抑制表達]

(b) 你終於鼓起勇氣向伴侶表達你想結婚的意願，但又因不想讓他 / 她感受到你在迫婚，你說得就像其實你沒所謂一樣。[勉強表達]

(c) 果然，你的伴侶感受到你沒所謂的態度，以為雙方對結婚的意願都不強烈。[後悔表達]

三・應對方法

雖然矛盾情緒一定包含至少一個正面及負面情緒，但社會心理學家 Cacioppo & Berntson (1994) 提醒，這兩極情緒並不是一個單向指標（即開心愈大，傷心愈小），或可相互抵銷；矛盾情緒是一個多維向導，即正負面情緒各有量度，亦可同時處於較高或低狀態。例如當親人因重病離世，為他的離開感到十分痛心（負面情緒），但同時，又因家人能從病魔手上解脫而感到欣慰（正面情緒）。痛心不捨及欣慰未必能互相抵銷，惟會以不同強度同時存在。

如上文提及，矛盾情緒沒有明顯的身體反應，但當對現狀感到不舒服時，仍可根據情緒紅綠燈來檢視當下狀況。

紅燈	「停一停」 讓自己稍稍停下來幾分鐘，深呼吸，準備為自己整理思緒；搜索最近值得注意的情緒及事件。
黃燈	「諗一諗」 將各種情緒以 0-5 分個別評估（0 分為沒有強度，5 分為最高強度），以了解個人的矛盾情緒指數。假設上述親人離世感到傷心及不捨的情緒。若 A 的傷心情緒：不捨情緒為 (5：4)，而 B 的傷心情緒：不捨情緒為 (5：1)，則 A 的矛盾情緒較 B 多。 確認事件及情緒量度後，再反思以下問題： 1.「事情是否真如我所想的嚴重？」 2.「我有否誇大了這些感覺？」 3.「還有其他可能性嗎？」
綠燈	「再行動」 當我們了解到自己當下的狀態時，便可以先回應情緒，後處理事情的準則去發掘可行的解決方案。

四‧為甚麼有這個情緒出現？

依附關係：

矛盾情緒的早期來源，可由依附理論 (Attachment) 作理解基礎。嬰兒與主要照顧者之間的情感連結會發展出至少三種依附形態 (Attachment style)。其中一種形態為矛盾焦慮型依附關係 (Anxious/Ambivalent attachment style)，因父母對嬰兒的需要一般以忽冷忽熱的方式回應，

讓嬰兒常經歷患得患失的情感，形成只可用既期待又怕受傷害的角度去看待關係 (Ainsworth，1964)，並容易陷入矛盾情緒。早期的依附形態會延伸影響長大後於社交關係中產生的矛盾情緒。

性格特質：

一些特定特質如依賴、在意別人意見及重視人際關係等的人，會較容易產生矛盾情緒（江文慈，2015）。擁有這些特質的人雖不至於常與人起衝突，但他們相對會較在意自己與別人間之不同，並嘗試遷就及妥協，以致較大機會陷入兩難的矛盾情緒。

情緒管理技巧：

當對情緒的認知不足時，遇到較複雜及多種情緒同時出現的情況，會加重個人的情緒困擾強度。同時，亦會降低情緒敏感度，矛盾感覺容易變成疑問「不知怎麼了，就是感到悶悶不樂，提不起勁」。

社會文化：

儒家學說中的「中庸之道」教會我們「小不忍則亂大謀」或「忍一時風平浪靜，退一步海闊天空」等的平衡概念。華人社會較着重集體意識，如「共同進退」、「齊上齊落」。當自身價值觀與這些普世價值出現衝突，而需作出平衡時，個人或因其成長背景及性格特質等的影響而出現不同程度的矛盾情緒。

五・有甚麼可預防和注意？

認識自己：

認識自己是一個需要持續研討的課題，每當我們遇到新的經驗，會讓我們成長改變。當我們了解自己的性格特質、價值觀，及明白由原生家庭帶給自己的影響時，這樣才能讓我們可內外一致 (Congruent) 的與自己及別人相處。

認識情緒：

請嘗試現在就拿起紙及筆，給自己三分鐘時間，寫下你認知的正面、中性及負面情緒字詞；你寫下的，便是你平時可給予自己使用的情緒形容詞。當我們能愈精準的去辨認我們的情緒，我們將更快捷地明白自己當下需要，從而找出應對方法。

參考別人：

辦法總比困難多。若我們只局限於自己舊有的解決方法，或許事情的結果只會一而再的重複發生。自測中的生活例子一直大同小異的在我們身邊發生，若我們能參考別人的做法，將可轉化成為自己新的可行方案 (Alternative)。

六・應用例子

在家庭、學校以及職場中，每個情境裡都充斥著要做決定的時候，或讓我們陷於情感矛盾的處境。因矛盾已經牽涉多於一個的情緒，所以遇到矛盾情境的關鍵是「先處理情緒，後處理事情」，讓情緒帶領自己連結自己的觀點與角度。

家庭層面

若家庭裏有人「一時一樣」，有矛盾情緒而不處理，一些共同安排及決定上可能會對其他家庭成員也做成困擾。每件事的每個做法總有其優點與缺點，若能於溝通表達時，協助對方將予盾背後的情緒連結自己的經驗與觀點，再從中共識大家同意的做法。

對話例子：

準妻子：「準老公，我知道為着籌備結婚的事，你夾在我們的想法跟家人長輩的想法裏，你常感到矛盾，很難做決定。不如我們先讓時間回歸自己，重新仔細想想自己理想婚禮的模樣，再看看有那些細節編排是可以取捨，可以保有我們大部分的想法，也可以孝順到長輩們的期望。」

學校層面

在學校，學生們可能未必能充分表達自己矛盾的原因，教職員宜協助學生們從不同角度看待事情，審視每個觀點角度會帶來的結果，再有信心的為此時此刻的自己做出選擇。

對話例子：

老師：「小聰，我聽到你對升學這件事有很多不同面向的看法，也看到你其實很有自己的想法，只是魚與熊掌，還是讓你感到矛盾。老師很欣賞你為自己的前途找了很多有用資訊，現在的矛盾感是你很怕為自己做錯決定。所以我想提醒你，每個選擇都有好壞，要記得現在的小聰已經用盡所知所能為自己做到做好了。」

職場層面

即使毋需與同事合作專案，工作崗位上的矛盾感或多或少工作效率而影響到整體運作，主管宜按時間所需而訂立進度時間及成效。

對話例子：

主管：「我聽到你就早前的建議（一）有其他想法，下星期三需要有最後定案，你可以先嘗試將你不同的想法具體整合出明確建議再作比較。若有更新需要討論，我們下星期一可再討論是否撤換，否則我們便以建議（一）為主軸再深化內容。」

參考資料：

Ainsworth, M. D. (1964). Patterns of attachment behavior shown by the infant in interaction with his mother. *Merrill-Palmer Quarterly of behavior and Development*, 51-58.

Cacioppo, J. T., & Berntson, G. G. (1994). Relationship between attitudes and evaluative space: A critical review, with emphasis on the separability of positive and negative substrates. *Psychological Bulletin, 115*, 401-423.

Lunardo, R. & Saintives, C., (2018). Coping with the ambivalent emotions of guilt and pride in the service context. *Journal of Services Marketing, (32)* 3, 360-370.

江文慈（2015）情緒表達矛盾的個別差異分析。《教育心理學報》，(47) 2, 243-259

內疚

你會怪責自己做得不夠好嗎？會經常覺得自己「對不起」別人嗎？

內疚 (guilt) 是一種對自己作行為檢討而衍生的內在情緒，由過往已發生的事情引起，認為自己於特定的事情上處理不當，或是自責自己有負於其他人，從而產生負面情緒。不論是孩子或是成年人，一些容易引起我們內疚感的事情包括：說謊、背叛、偷竊、不幫助他人、不服從父母等等。內疚感可以是一種令人痛苦的情緒，讓人感到後悔或懊悔，容易令人感到自我價值低、自我懷疑，甚至是對自己感到憤怒，覺得自己一無是處。同時，感到內疚的人不僅會為自己感到憤怒及嫌惡，他們也傾向相信其他人亦會對他們感到憤怒。根據美國《精神疾病診斷與統計手冊－第五版》(*The Diagnostic and Statistical Manual of Mental Disorders*，DSM-5)，過度內疚更是抑鬱症的徵狀之一，可見過量的內疚感所引起的負面情緒不容忽視。

一‧內疚的特徵

內疚很多時候與羞愧 (Shame) 連上關係，它們是很相似的情緒。
Lewis (1971) 指出雖然內疚與羞愧有相似的特徵，但它們也有關鍵性的
分別。羞愧一般是對於自己整體上的感覺，重點是在對於自身的看法，
而內疚則是與特定的事情和自覺自己的行為相關，重點是關於自己做了
或是未做的事情，而這些事情令我們對自身產生了負面的看法。

除此之外，有些研究指出內疚可以分為情境性非適應性內疚 (Contextual
maladaptive guilt) 及一般性內疚 (Generalized guilt)。情境性非適應性
內疚指的是當我們把一些難以控制的責任放在自己身上時所產生的內
疚。一般性內疚指的是整體而言所產生的內疚感，而與特定事件無關。
同時，MacDonald 與 Morley (2001) 進行有關心理治療的研究指出，大
約 68% 接受心理治療的人於他們的情緒日記中記錄下的內化的情緒，
包括羞愧、內疚、憎恨及嫌惡，均是他們沒有與其他人說的。這顯示了
這些情緒與負面的自我價值相關，也展示了他們害怕別人會對他們的情
緒有負面的反應，例如會怪責或批判他們等等。因此，內疚不單是一種

情緒，同時也與我們的認知相關，影響我們對於自己在其他人心目中的印象。內疚感高的人會比較傾向嘗試改變他們的行為，而內疚感低的人則比較容易隱藏自己的負面行為。擁有自戀特質的人一般會有較低的內疚感。

二・自測

每個人面對生活中的事件及自己所犯的錯誤反應都不同。有些人不以為然、有些人或會心有餘悸、有些人甚至會十分不安。現在細心閱讀以下問題，以及在腦海中幻想情景，再按照心中想法以分數回答以下問題，統計答案的所得分數，看看你會否是一位容易有內疚感的人？

1. 當你意識到在一次找贖時，你收到的找錢比應有的多。但因為售貨員一時沒有為意，所以你決定保留並離開店門。你會感到不舒服的程度有多大？

完全沒感覺	幾乎沒感覺	不以為然	無法評估	不安	很不安	嚴重不安
1	2	3	4	5	6	7

2. 你在沒有人察覺的情況下暗中犯了重罪，你會感到後悔的程度有多大？

完全沒感覺	幾乎沒感覺	不以為然	無法評估	不安	很不安	嚴重不安
1	2	3	4	5	6	7

3. 在一次朋友的家庭派對上，你不小心將咖啡灑在他們的全新地毯上，你下意識馬上用椅子遮蓋污漬，同時並沒有任何人注意到你的舉動。你會感到自己行為可悲的程度有多大？

完全 沒感覺	幾乎 沒感覺	不以 為然	無法 評估	不安	很不安	嚴重 不安
1	2	3	4	5	6	7

4. 你對別人撒謊了，但他們從來沒有發現真相。在你冷靜下來時，你對自己的撒謊感到不愉快的程度有多大？

完全 沒感覺	幾乎 沒感覺	不以 為然	無法 評估	不安	很不安	嚴重 不安
1	2	3	4	5	6	7

*以上的自我測驗是參考自 Cohen 等 (2011) 的 GASP Scale。本版本並非正式臨床診斷，只可用作非正式的參考資料。若有任何疑問，請諮詢專業人士如心理學家或精神科醫生，以取得最可靠和切合的診斷。

總分	程度	備註
4-10	不容易產生內疚	
11-17	偶爾程度 對於指定的人或事， 容易產生內疚	建議找親友分享，解除心中的不安
18-22	經常程度	建議你立即尋求專業協助
23-28	嚴重程度	

三‧應對方法

即使我們感到內疚，但這並不能讓我們改變已發生的事情。當我們發現自己經常陷於內疚感中，我們可以這樣處理。

分辨自己內疚感的來源：

內疚感可以來自不同的事情，也許和過去曾參與的事情相關，也可能與過去沒有參與的事情相關。分辨自己內疚感的源頭可以幫助我們了解產生內疚感的原因，例如是自己的責任心較重、或是過於重視他人的感受。

客觀的評估：

生活中的事情背後總受着不同的因素影響，當我們覺察到自己感到內疚時，我們可以客觀的評估事情。舉例而言，你可能為了工作表現不理想而感到內疚，認為是自己的問題。但是，工作表現不理想可能也牽涉到其他因素（例如：其他同事是否配合、上司的指令是否清晰等等）。當我們以多角度客觀的評估事情，可能會把一些我們本來沒注意的因素也加以考慮，而不把所有事情內化為自己的問題。

正向歸因：

失敗的經驗容易令人產生內疚感，我們可以避免把失敗的經驗作負向歸因，「都是因為我蠢，所以把事情搞垮了！」。正向歸因以日後發展為導向，我們可以檢討失敗經驗及把事情正向歸因，思考日後可以做些甚

麼避免失敗，「這次的失敗是因為時間管理不妥善，只要把時間管理做好，下次就能夠有更好準備！」。這樣我們既是承擔了失敗的經驗，也不為失敗的經驗而過於自責。

四・為甚麼有這個情緒出現？

根據發展心理學家 Erik H. Erickson 提出的心理社會發展論，每個人於人生不同階段均有不同的心理發展，當中 3 至 5 歲（學齡前兒童期）屬於第三階段，是開始發展主動與愧疚的關鍵時刻。這個時期的孩子開始學習與他人相處及玩耍，他們懂得從玩樂及合作中獲得控制感及權力，例如是計劃怎樣進行遊戲或與甚麼人進行活動。在這個階段中，若孩子成功獲得自主權，他們會感到自己能夠面對生活中的挑戰，當他們面對挫敗時亦會以更積極的心態面對。相反，若孩子在這個階段中發展出內疚感，他們會因害怕失敗而比較不願意接受新挑戰，他們亦會覺得生活中的挫敗是因為自己的失敗，覺得自己不夠好。

內疚感的本質其實也有用處，它可以讓我們做事情時有所顧慮，防止我們參與一些有可能會傷害到他人的行為，也能預防我們於將來再進行一些我們認為不好的行為。當我們為了已發生的事情而感到內疚，我們也比較願意坦白自己的過錯或為了錯誤的事情而致歉及承擔責任；同時，內疚也能讓我們反思自己的行為，並可以於將來做得更好。

五・有甚麼可預防和注意？

一方面而言，內疚可以使我們檢討自己的行為，讓我們能夠從以往的經驗中學習，並於將來做得更好。然而，過量的內疚會使我們陷於過度自責及自我懷疑的深潭，令我們容易把所有問題內化，妨礙日常生活、工作及社交。在減輕我們的內疚時，我們可以用以下的方法。

靜觀與覺察：

每天給自己 10 分鐘時間練習靜觀，讓自己安靜坐着，雙腳平放雙手自然輕放在大腿上，專注在呼吸，感覺自己，接納自己的情緒與想法。當我們以寬容的心面對自己，便可以更包容自己的過錯與不足。

注意自己的負面思考陷阱：

有些時候我們容易墮入負面思考陷阱，我們可以多留意自己的負面思考陷阱，例如會否有非黑即白的思考模式，認為事情不順就必然是自己的責任，覺得甚麼都是自己的錯。當注意到自己有這種傾向，我們可以調整自己的心態，以更寬容的心對待自己，把適當但不過量的責任放到自己身上。

原諒自己：

沒有人是完美的，每個人總有犯錯及不足之處，當我們認為自己處理不當而感到內疚時，承認自己的錯誤，並從中學習原諒及寬恕自己，令自己不會陷於過去中，也能以更積極的態度面對將來，預防讓我們內疚的事再次發生。

六 · 應用例子

家庭層面

當家長與孩子因矛盾而發生衝突、爭執，家長和孩子均可能會感到內疚，由於內疚是一種內化的情緒，家長可以於雙方冷靜過後與孩子進行溝通，主動表達自己的感受，同時鼓勵孩子表達內心感受。家長可以與孩子討論於事件上雙方做了，以及沒有做的事情，分別大家有甚麼做得好的地方，以及有甚麼可以改善的地方。這樣的討論可以促進雙方溝通，從衝突中了解各自的責任及可以做得更好的地方，讓雙方從中學習更有效的相處方法，從而避免下一次的衝突。

學校層面

我們有時會因為與朋輩相處而感到內疚，例如因為沒有按朋友的意願一起參與活動，又或是大意說了令朋友感到不快的說話。我們可能會因而變得小心翼翼，害怕表露自己的感受，或是擔心再次令朋友生氣。然而，我們可以藉此深思令我們感到內疚的源頭，回想自己於人際關係中的傾向。如果自己傾向重視他人的想法及感受，我們應留意如何於人際關係中平衡自己及他人的感受，學習於尊重朋友的同時也能表達自己感受及想法的方法，令對方從中也能了解自己的立場。

職場層面

職場中總會有年度、季度的工作表現評核，我們會定期檢視自己的工作表現，以檢視自己有否達到訂下的目標。當我們為自己的工作表現而感到內疚，我們可以回顧自己的工作表現，從中檢視自己可以控制及不可控的因素，從而檢視當初訂下的目標以及找出可以改善的地方。例如當銷售額未如理想，我們可以檢視整體零售業的表現是否較為疲弱，同時檢視自己的銷售技巧可以更進一步的地方。當我們再訂下工作目標時，也可以參考過往的工作表現評核，如果自己傾向訂下較難達成的目標，可以考慮訂立不同階段的小目標，以幫助自己更有效的達成目標。

參考資料：

American Psychiatric Association. (2013). *Diagnostic and statistical manual of mental disorders (5th ed.)* American Psychiatric Publishing.

Cohen, T. R., Wolf, S. T., Panter, A. T., & Insko, C. A. (2011). Introducing the GASP scale: A new measure of guilt and shame proneness. *Journal of Personality and Social Psychology, 100*(5), 947-966. doi: 10.1037/a0022641

Kim, S., Thibodeau, R., & Jorgensen, R. S. (2011). Shame, guilt, and depressive symptoms: a meta-analytic review. *Psychological Bulletin, 137*(1), 68-96. https://doi: 10.1037/a0021466

Lewis, H.B. (1971). *Shame and guilt in neurosis.* International Universities Press.

MacDonald, J., & Morley, I. (2001). Shame and non-disclosure: A study of the emotional isolation of people referred for psychotherapy. *British Journal of Medical Psychology, 74*(1), 1-21. https://doi.org/10.1348/000711201160731

Tangney, J. P., & Dearing, R. L. (2002). *Shame and guilt.* Guilford Press.

Tangney, J. P., & Miller, R. S. (1996). Are Shame, guilt, and embarrassment distinct emotions? *Journal of Personality and Social Psychology, 70*(6), 1256-1269.

Tolentino, J. C., & Schmidt, S. L. (2018). *DSM-5 criteria and depression severity: Implications for clinical practice. Frontiers in Psychiatry, 9,* 1-9. https://doi.org/10.3389/fpsyt.2018.00450

本章總結：

被憤怒家族所困擾的朋友，可以：

- 明白感受不一定等於行為，情緒來襲讓自己覺察自己的情緒，再調整合適的回應去行動。

- 寬恕自己也寬恕別人，世事無常，萬物頃刻在流轉，即使是不公平和不如意，也會過去的。

- 藉着情緒了解自己內心的渴求，被尊重、被接納、被關懷、被重視等，以正向方式調適自己。

前路不見路，不知如何訴。

沒有強烈的躁動，卻在無力感的氛圍中寸步難行。沒有希望感、失望、
無助、鬱悶、空虛，都是積存的負面情緒，在奔波勞碌的生活中不着痕
跡地蠶食着我們的快樂與動力。少許這些情緒可令我們糾正調整步伐，
然而泛濫失序的困惑家族成員或會盜走對未來的期盼。

困惑家族的成員

沒有希望感

失望

無助

悶／無聊

空虛

沒有希望感

10 分為滿分，當下你的希望值是多少分？欠缺希望的人，就如一輛欠缺燃油的車，無法全速前行。工作前景、感情生活、社會發展，又或是對生命整體的期盼皆可與希望感相關，「生命滿希望，前路由我創。」有希望，才可共創美好的前景。然而，人生總免不了遇上挫折或樽頸，經歷希望感低，甚至是絕望的時刻。難道「希望」只是單純的樂觀嗎？關於希望，魯迅先生有一句話：「希望本是無所謂有，無所謂無的。這正如地上的路；其實地上本沒有路，走的人多了，也便成了路。」希望並不是從天而降、油然而生的，而是可以建立出來的。在正向心理學中，希望感 (Hope) 是重要的元素，擁有希望感能夠幫助我們把日常的困境變成正面的挑戰，讓我們以更積極樂觀的態度面對生命。

一・希望感的特徵

在正向心理學中，希望感 (Hope) 是重要的元素。正向心理學家 Martin Seligman 認為希望感是二十四種個性強項之一 (Personal strength)，歸納在六種美德當中，「靈性及超越」之中 (Transcendence)。希望感指的是對未來有樂觀的期望，相信未來能夠掌握於自己手中，努力達成目標。具體而言，希望感不單單是一個樂觀的信仰。心理學家 Charles Snyder 提出希望感理論 (Hope theory)，指出希望感其實是人們達成目標的動機，是一個達成個人目標的「認知——動機」過程 (Cognitive-motivational Process)。這個過程涉及認知層面和動機層面。在認知層面上，擁有較高希望感的人能夠找到達成目標的行動方法 (Pathway)，而且在選擇行動方法時亦會保持靈活彈性，當效果不似預期時，能夠以不同方法解決困難和達成目標。在動機層面上，擁有較高希望感的人能夠持續地向着目標邁進的動機 (Agency)，在過程中遇到困難或挫折亦能保持自我激勵，不會過分意志消沉，會着力解決問題。

二·自測

每個人面對生活都有不同的期盼，有些人對未來熱切期待，也有些人總會擔心未來不會有好事情發生。現在不如你也來測試一下，你現時的希望感有多高呢？

請閱讀以下的項目，並圈出各項目對你有多正確（請選擇你的答案）*

	非常不正確	有點不正確	有點正確	非常正確
1. 我能想出很多途徑及方法令自己脫離困境	1	2	3	4
2. 我會熱情地追求自己的目標	1	2	3	4
3. 我大部分時間感到精神抖擻	1	2	3	4
4. 我相信辦法總比困難多	1	2	3	4
5. 生命中對我重要的事情有很多	1	2	3	4
6. 當其他人感到沮喪，我也能找到解決問題的方法	1	2	3	4
7. 我過去的經歷有助我的未來	1	2	3	4
8. 我的人生尚算成功	1	2	3	4
9. 我甚少為事情感到憂慮	1	2	3	4
10. 我能夠達成自己訂立的目標	1	2	3	4

計分方法：把每題的得分累計相加後，參考下面的答案，即可知道自己是否有缺少希望感的情況，以及沒有希望感的嚴重程度！

* 以上的自我測驗是參考自 Synder 等 (1991) 希望感特質量表 (Trait Hope Scale)，並非正式臨床診斷，只可用作非正式的參考資料。若有任何疑問，請諮詢專業人士如心理學家或精神科醫生，以取得最可靠和切合的診斷。

總分	焦慮程度	備註
0-10	希望感極低	建議你立即尋求專業協助，調整心態，建立希望。
11-20	希望感偏低	建議了解無法樂觀的原因，積極解除心中的憂慮。
21-30	希望偏高	保持樂觀和積極。
31-40	希望感極高	

三・應對方法

希望感能夠讓我們為未來訂立目標，且令我們向着目標努力。這由三種能力組成，包括：（一）訂立目標的能力，（二）計劃達成目標的策略及（三）運用這些方法達成目標的動機。簡單而言，當我們心存希望的時候，便能夠為自己訂立目標，認為未來是充滿可能性的。這個目標很重要，當目標對我們而言是有意義及價值時，這會提高我們對未來的期盼，令我們對未來更有憧憬。而且，當我們為未來訂立目標後，我們需要為達成目標而計劃具體的實行方法，制訂策略，以有效的方式達成目標，而不是坐着等奇蹟的出現，也不是像頭蠻牛一般橫衝直撞。最重要的是，我們需要保持達成目標的動機，記得自己是為了甚麼而訂下目

標，也了解令自己努力的動機，讓自己能夠維持自我激勵的狀態，不會因過程中的困難或挫折而意志消沉、輕言放棄。

未來充滿未知之數，讓人感到憂慮、害怕是正常反應。而讓自己擁有希望感的方法是找到自己的意義，建立正向的態度。我們可以用以下的方法。

訂立目標：

為未來訂立長遠目標，像馬拉松一樣，為自己訂立有意義的方向。而且，我們可以把長遠目標分為一些短期目標，一步一步向目標進發，令目標更容易達成，減少挫敗感。

計劃達成目標的策略：

當我們訂立目標後，我們需要為達成目標的方法訂立策略，我們可以參考以往成功／失敗的經驗，或參考他人成功／失敗的經驗，每個人都有不同的做事方法，只有了解甚麼方法是最適合我們的，達成目標時才會事半功倍。

保持動機：

在達成目標的過程中難免會出現困難或挫折，而令我們意志消沉，甚至想要放棄。我們需要找到令我們堅持下去的動機，並持久的自我激勵及鼓勵，令我們維持動機，即使面對逆境亦繼續向着目標努力。

四‧為甚麼會有這情緒出現？

正向心理學家 Martin Seligman 對狗狗進行了一個著名的習得性無助實驗 (Learned helplessness)。在這個實驗中，狗狗被分別關進不同的籠子內，第一組狗狗只被關於籠子內；第二組狗狗被關於籠子內，而且身上的鞍具會產生電擊，只要狗狗觸碰籠子內槓桿才能停止電擊；第三組狗狗同樣被關在籠子內及穿上會產生電擊的鞍具，但是這次狗狗即使觸碰籠子內的槓桿也不能停止電擊。實驗顯示，這些狗狗在實驗結束後，只有第一及第二組的狗狗很快回復實驗前的狀態，而第三組狗狗則出現意志消沉、憂鬱的徵狀。在這實驗的經歷中，狗狗學習到努力並不能改變牠所面對困境，因而產生一種無助、絕望的感覺。

在另一系列的實驗中，馬丁‧塞利格曼對老鼠進行了類似的實驗，老鼠分為三組分別被關在籠子內，接受不同的電擊。當牠們其後被關進另一個籠子內，並被電擊時，只有第一及第二組老鼠嘗試觸碰籠子內的槓桿以停止電擊及逃走。而第三組老鼠因曾被多次電擊且不能逃走，牠們被關進另一個籠子內時，即使被電擊也嘗試以任何行為停止電擊，也不會逃走。實驗顯示，這種習得性無助是因多次的失敗經歷而產生的，令人深信即使努力也是徒然，不如乾脆放棄好了。

由此可見，重複的失敗經驗會令人產生挫敗感和悲觀，讓人感到對未來沒有掌控，也放棄了相信未來還有其他的可能性。有些失敗經驗並不能避免的，但我們可以選擇如何看待失敗。當面對失敗時，我們可以檢視失敗的經歷，以正面的態度面對，並以正向歸因，檢視失敗的原因，思

考下一次可以如何增加成功的機會，增加我們達成目標的動機。同時，我們應避免內化所有失敗的原因，把所有失敗看成自己的問題（例如把失敗原因歸咎於自己不夠聰明）。這樣，我們對失敗便會少一份無力感、多一份掌控，提升希望感。

五 · 有甚麼可預防和注意？

生活中總有高山低谷，每個人都會有對生活失去希望的時候，但過量的沒有希望感會令我們對生活失去動力，時刻感到憂鬱，妨礙日常生活、工作及社交。在減輕沒有希望感時，我們可以：

靜觀與覺察：

每天給自己 10 分鐘時間練習靜觀，讓自己安靜坐着，雙腳平放雙手自然輕放在大腿上，專注在呼吸，感覺自己，接納自己的情緒與想法。從每天的小事情中反思我們日常生活中的動機來源，可以令我們更了解我們對甚麼事情會有興趣及動力。

設立目標：

每天給自己訂立一些目標，可以是一些小目標，讓自己感受到目標達成的感覺，增強我們達成目標的動機，令我們對生活保持正面的態度。同時，這也能協助我們於日常生活中更具體的思考我們想要達成目標，於生活中建立希望。

注意自己的負面思考陷阱：

有些時候我們容易墮入負面思考陷阱，我們可以多留意自己的負面思考陷阱，例如會否有災難化思想，把大小事情都放大，稍有不順就感到世界末日，容易鑽牛角尖（「工作不順利，人生肯定沒有前途了！」）。當注意到自己有負面思考陷阱，我們可以調整自己的心態，以更寬容的心面對日常生活。

六‧應用例子

家庭層面

家庭和睦會令我們感到有希望感，長久的爭執及衝突則會令我們對家庭失去希望。家庭成員的行會互相影響，彼此互動的模式容易造成循環。增強家庭凝聚力可以維繫家庭幸福，當中涉及跨代家庭成員間互相理解及尊重，長輩可以多了解年輕家庭成員的想法及感受，而年輕家庭成員亦可以讓長輩分享過往的經驗，令他們感到受尊重及重視。家庭成員應促進溝通，以多角度理解大家的想法及感受，並加強同理心，了解各自面對的挑戰，互相包容及接納彼此。

學校層面

學校總有不同的功課及考試，我們或會受分數的高低影響我們的情緒，於表現未如理想時感到挫敗。我們可以主動尋求老師的協助，針對學習上的弱項進行溫習。另外，我們可以與同學互相討論學習技巧及經驗，尋找合適自己的學習方法，讓學習更為得心應手。正所謂「條條大路通

羅馬」，我們可以透過生涯規劃制定合適的求學目標及方向，了解自己的強弱項而制度適切的升學及就業方向，謹記每個人也有自己的發展潛能，只要找到合適的發展方向便會令我們對未來更有希望及期盼。

職場層面

當我們於職場上感到沒有希望，我們可以檢視自己的想法，留意自己會否容易墮入負面思考陷阱，例如擁有非黑即白的想法，例如認為「只有達到銷售額才是傑出的銷售員」、「升職加薪才能證明我於公司的地位」等等。這些想法會令我們的想法變得極端，只要現實與想法出現落差便容易鑽牛角尖，令我們感到挫敗及失望。我們可以透過與上司及同事定期的討論來檢視工作表現，回顧工作中可以改善的地方，以正向的態度面對工作上的挑戰。同時，我們亦可以持續檢視自己的職場發展，適時制定對自己人生階段合適的生涯目標及方向。

參考資料：

Peterson, C., & Seligman, M. E. P. (2004). Character strengths and virtues: A handbook and classification. Oxford University Press and American Psychological Association.

Seligman, M. E. P. (1972). Learned helplessness. *Annual Review of Medicine, 23,* 407–412.

Seligman, M. E. P., & Groves, D. P. (1970). Nontransient learned helplessness. *Psychonomic Science, 19,* 191–192.

Seligman, M. E. P., Rosellini, R. A., & Kozak, M. J. (1975). Learned helplessness in the rat: Time course, immunization, and reversibility. *Journal of Comparative and Physiological Psychology, 88*(2), 542–547. https://doi.org/10.1037/h0076431.

Snyder, C. R., Harris, C , Anderson, J. R., Holleran, S. A., Irving, L. M., Sigmon, Yoshinobu, L., Gibb, J., Langelle, C , & Harney, P. (1991). The will and the ways: Development and validation of an individual-differences measure of hope. *Journal of Personality and Social Psychology, 60*(4), 570-585. https://doi.org/10.1037/0022-3514.60.4.570.

Snyder, C. R., Rand, K. L., & Sigmon, D. R. (2002). Hope theory: A member of the positive psychology family. In C. R. Snyder & S. J. Lopez (Eds.), Handbook of positive psychology (pp. 257–266). Oxford University Press.

失望

一・失望的特徵

每一個人都嘗試過失望的滋味。我們會因為考不到想要的成績失望、別人不接受我們的表白失望、想要吃的蛋糕賣光了失望、又或者在抽獎中抽不到我們想要的東西而失望等。我們會因為各種各樣的事失望，而失望這個感受的重點就在於「失落的期望」。失望可以說是一種因為無法實現的期望或盼望而產生的傷感經驗 (Sadness)，所以失望其實是一種「反現實思維」(Counterfactual thinking)，我們以「發生了的事」(What is) 和「可以／期望發生的事」(What might have been) 作比較，而當真正發生了的事與我們所期望發生的事有所落差時，我們的期望因此落空，而失望的情緒亦由此產生。

如果每一個情緒都有其功能、有其存在意義的話，那失望對我們又有甚麼「用」呢？既然失望是因為我們為失去了想要的「預期」而傷感的經驗，這情緒可說是在提醒我們要去面對這生命中必然會遇到的「終結」。這個終結是一個期盼的終結，或者是現階段未能實現而唯有被迫將期盼

擱置。因為我們人生中不可能所有事情都如我們所願地發生，失望彷彿在告訴我們：「這時這刻你還沒辦法得到你期望的發展。很抱歉，這就是現實，我可以來提醒你這失落了的期望對你來說有多重要，但你也必須要面對這不幸的現實。」俗語有云：「希望愈大，失望愈大」。當我們抱有的期盼和願景愈遠大及理想，我們可能承受的失望則愈龐大及沉重。所以失望在某程度上在告訴我們有多重視這個期盼，愈大的失望正正就是提醒我們這個期盼對我們而言有多麼的重要。

二・自測

既然「期盼的終結」是我們生存於世上的其中一個必然,那麼應該每一個人都有經歷過失望。失望是一種很個人的感受,如果我們愈重視那個期盼,那麼我們的失望就會愈大,反之亦然。但如果我們經歷了一連串的失望,這些經歷可能會慢慢侵蝕我們的信心,然後影響我們如何看待未來的失望。然後我們可能會慢慢失去對將來的可能性的期盼,或不再認為再有目標是值得追求的。當這個情況再惡化下去,失望可能會演變成其他更負面的情緒狀態。

那麼除了自我感覺外,我們還可以如何知道自己的失望有多大呢?我們可以試問一下自己以下問題,如果你給予問題的分數愈高(1～5分),那麼你正在經歷的失望情緒就可能愈大。

- 我為發生在我身上的事感到遺憾。
- 我希望那些我無法控制的事情可以有不同的結果。
- 我無法控制的因素是導致現在發生在我身上的事情的原因。
- 我並不滿意發生在我身上的事。
- 如果事情發生的過程有所不同,那麼現在情況會變得更好。

*以上問題參考自 Marcatto & Ferrante (2008)「後悔及失望量表」(Regret and Disappointment Scale;RDS),要注意此量表本身並不是以臨床測試為制訂基礎,而上述問題亦非完整量表,故測試結果僅供參考,並不能視為或取代臨床測試或評估。

三・應對方法

如果失望是無可避免的，那麼與其去逃避失望，不如沉思一下失望的意義。

從失望中成長，反思其中的教訓：

詩人及哲學家 Henry D. Thoreau 說過：「如果我們有足夠的寧靜及準備，我們可以從每個失望中找到補償。」這裏的補償可以有很多意思，它可以是一個教訓，讓我們反思本身的期望是否有點不現實？例如：雖然我從來沒有跟那位新同事說過話或有過交集，但我期待他／她會接受我以結婚為前提的表白。這樣的期望是否有點不合理不合現實？是否應該先定下一個較實際的目標呢？又或者我們有否反思自身在事情的發展上有怎樣的參與？雖然事情的發展不一定完全在我們的控制之內，但總有我們的參與，而即使「沒有參與」，其實本身亦是一種「參與」。在失望之時，想想自己在這件事中的角色為何，將來又可以有怎樣不一樣的參與？

接受失望，但不放棄希望：

如民權領袖 Martin Luther King Jr. 所言：「我們必須接受有限的失望，但絕不能失去無盡的希望。」無論現實的發展與我們的期望有多大落差，我們終歸都必須接受這個事實。如果我們只是沉醉於未能實現的期盼或者迷失於失望的情緒之中，那麼迎接我們的可能會是絕望。意義治療大師 Viktor Frankl 曾經是納粹德國集中營的受害者，在集中營中他觀察到被囚人士的死亡率於 1944 年的聖誕節及 1945 年的新年之間最高。

Frankl 認為這個現象是基於被囚人士往往擁抱着天真的期盼，相信聖誕節的時候就可以回家。但當日子一天一天迫近卻沒有任何令人鼓舞的消息時，這些被囚人士開始失去期盼的勇氣又被失望掩蓋，令他們失去了掙扎求存的力量。所以當我們被無可避免的失望困擾時，我們要學懂接受它，但接受並不代表我們從此放棄這個期盼。如果我們在這刻未能實現願景，可以先把精神投放在此時此刻我們還可以做的事，待將來再一次把希望實現。

四·為甚麼有這個情緒出現？

情緒其實除了是一個感受狀態外，亦是讓我們存在於這世界中的嚮導。我們的情緒都有其意向性，亦即是每個情緒都有其意向物或目標，例如：我們會因為做了有違自己道德觀念的行為而內疚，或會因為未來有可能出現的狀況而焦慮。而失望的意向物就如文首所言是我們失去了一些東西。瑞士存在心理學先驅 Ludwig Binswanger 把失望形容為一種可能性的失落。所謂的可能性就是我們期望可以與世界的互動。以之前的例子來說，我期望可以與新同事有美好的戀情，這個期盼連繫了我與這刻我理解的世界。而當我被拒絕時，被否定的除了是我的心意，還有整個可能會出現的未來。所以當這未來的可能性被剝奪時，我們就會感受到那種傷感及失落感。

縱然失望是自然而然的感受，但是每個人經歷失望的程度都有所不同。研究指出，人們對失望的反應及程度有可能與我們的腦神經元構造有

關。學者們發現有一些人在經歷失望後會比較衝動及反射性地作出決定，而這些決定都與迴避更多的失望有關。而腦電圖顯示，這些人的腦神經元反應與那些即使經歷過失敗也能在作出進一步決定前反覆思量的人有所不同。學者相信這顯示了有些人在生理上對失望比較敏感，而這些敏感的人在經歷過更多失望後，他們對未來的期望會更負面，以至令他們作出反射性的迴避決定。

五·有甚麼可預防和注意？

認識失望及其背後的含意：

· 明白失望是在我們的期望失落後的一個自然反應。

· 反思失望帶來的教訓及啓示，以現實的角度去調整自己的行為或對世界的期盼。

· 接受失望的現實，但提醒自己不需要完全放棄希望。

· 與其只顧盼可以得到甚麼，不如探索可以作出甚麼行動或改變。

有研究顯示當我們愈渴望得到快樂，我們愈大機會把自己推向失望。所以就如 Frankl 在集中營中領悟到的道理：「真正重要的絕非我們對生命有何期待，而是生命對我們有何期待」，與其去在乎如何得到快樂或者如何避免失望，不如感受一下當刻的處境在要求我們怎麼去回應，我們應該要有怎樣的行動去回應此刻生命的挑戰呢？即使在失望當中也有屬於個人可以回應的方式，承擔起這個挑戰，我們就可能在失望中找到意義。

六‧應用例子

如上文所言，失望基本上是人生在世一種必然會經歷到的情緒。無論在家庭、學校或是職場，我們都會因為不同原因對他人、自己甚至世界感到失望。面對失望，我們可以做的就是讓自己接受自己可以失望。這種接受並不是說我們就此放棄期望，而是提醒自己現在事情的結果有多少是自己做成的，又有多少是自己未能控制的。而我們還有甚麼可以做呢？又有甚麼可以借鏡呢？

家庭層面

每個人都會經歷失望，家人也不例外。當我們對家人感到失望時，不妨試試收起責備或批評的口吻，尤其是避免說像「我對你很失望」的說話，因為令我們失望的可能是他們的行為或是他們行為的結果，但並非是他們本身。我們可以說：「結果是這樣我感到很擔心，我看到了你有努力過，但也希望你可以做到你想要的。」這樣說可以更清楚表達我們的擔心與關心，亦不會讓他們感到整個人都被否定。而如果能夠建立這種形式的溝通，我們亦可能更願意與家人分享我們的失望，及討論如何可以回應將來的挑戰。

學校層面

學生可能最常遇到的是成績未如理想而感到失望。當然，有些時候可能是老師或家長會對同學的表現感到失望。我們會很容易對表現未如理想的同學說教甚至訓斥，但常常忘了其實他們亦正在對自己失望或有其他

情緒，這些時候不如控制一下自己的失望或怒氣，亦不要急著去教訓他們，嘗試聆聽一下他們的失望，亦讓他們更容易接受自己未如理想的表現，再慢慢反思自己可以再怎樣做。

而同學感到失望時，可以嘗試跟信任的人傾訴。亦可以思考一下自己原來的目標或想法是否真的現實，而又怎樣可以避免下一次的失望。

職場層面

職場上我們或多或少都會遇到結果未如期望的時候，最理想的狀況當然是上司可以體諒及同事可以理解。但很多時候當身邊的人都未能理解的時候，我們可以做的可能是回顧一下當前的結果有甚麼是基於自己的行為，而以後又可以怎樣引以為鑑。

而失望有時亦可能成為我們努力的動力，沉浸一下在失望的痛苦中，我們可能會在痛苦中更加認清自己過去的選擇和將來的可能性。當然，如果有人能夠一起經歷這種痛苦，去聆聽及關心自己的失望，我們可能會更容易找到失望中意義。

參考資料：

Cohen, E. D. (2016). *Logic-based therapy and everyday emotions: A case-based approach.* Lexington Books

Frankl, V. E. (2006). *Man's search for meaning.* Beacon Press. (Original work published 1959).

Lamia, M. C. (2001, Nov 20). Expectation, disappointment, and sadness: Disappointment can be profound. *Psychology Today.* https://www.psychologytoday.com/hk/blog/intense-emotions-and-strong-feelings/201111/expectation-disappointment-and-sadness

Marcatto, F., & Ferrante, D. (2008). The regret and disappointment scale: An instrument for assessing regret and disappointment in decision making. *Judgement and Decision Making, 3*(1), 87-99

Mauss, I.B., Tamir, M., Anderson, C.L., & Savino, N.S. (2011) Can seeking happiness make people happy? Paradoxical effects of valuing happiness. *Emotion, 11*(4), 808-815.

Ratcliffe, M. (2008). *Feelings of being: phenomenology, psychiatry and the sense of reality.* Oxford University Press.

Ratcliffe, M. (2012). The phenomenology of existential feeling. In J. Fingerhut., & Marienberg, S. (Eds.). *Feelings of Being Alive,* pp. 23-54. De Gruyter.

Thoreau, H. D. (2012). *I to myself: An annotated selection from the journal of Henry D. Thoreau* (J. S. Cramer, Eds.). Yale University Press.

Tzieropoulos, H., de Peralta, R. G., Bossaerts, P., & Gonzalez Andino, S. L. (2011). The impact of disappointment in decision making: inter-individual differences and electrical neuroimaging. *Frontiers in human neuroscience, 4*(235), 1-19. doi.org/10.3389/fnhum.2010.00235

李雪媛、柯乃瑜與呂以榮（譯）（2013）。《向生命說 Yes! 一位心理醫師在集中營的歷劫記》（原作者：Viktor E. Frankl）。啟示出版。（原作出版年：1946）

無助

一・無助的特徵

自 2020 年疫症肆虐，全球大流行 (Pandemic) 過後，世界似乎進入了一個異常動盪的時代。無論是全球疫情、各地的戰亂還是經濟危機，都前所未有地困擾着我們。身處在這樣的世代裏，你最近是否常常都感到無奈、無力甚至「無助」呢？你是否覺得這種無力感會一直存在？你是否相信靠着自身的力量，可以做出改變嗎？可能有些人覺得感到「無助」是性格使然，但其實我們並不是一出生就會感到「無助」。這「無助」是由千絲萬縷的經歷中學習而來的。

「適者生存」是生物的生存要訣。面對着人生中出現的挑戰和變化，我們通常都會努力應對，希望能夠成功地適應環境並持續向前發展。可是，當生活出現上大大小小的挫折及失敗，當我們努力了很久，卻始終不能達到期望的效果時，我們可能會開始覺得無能為力，覺得甚麼都無法掌控，變得越來越悲觀和沮喪。有些人甚至會覺得自己無法擺脫「命運」的束縛，只能默默承受「命運的安排和審判」，陷入完全的絕望和自我放棄。這種無助的心理狀態，心理學家稱之為「習得性無助感 (Learned Helplessness)」(Peterson 等，1995)。

二 · 自我反思

請你試想一件最近發生，而且令你感到沮喪或無助的事情。不論是關於學業、工作、人際關係或社會事件都可以。回想一下這事情是怎樣發生的？是由於甚麼原因所引起的？由於一件事情的發生可能有各種不同的原因，但你只需選擇其中最主要的一個原因來分析。然後，請針對你所寫下的原因，回答以下三條相關的問題。

令你感到沮喪或無力的事情：＿＿＿＿＿＿＿＿＿＿＿＿＿＿＿＿

最主要的原因：＿＿＿＿＿＿＿＿＿＿＿＿＿＿＿＿＿＿＿＿＿＿

（一）		這件事情發生的最主要原因是由	
	A.	其他人或者環境因素造成的	☐
	B.	我個人本身的因素造成的	☐
（二）		如果日後遇上同類情況，你認為這個主要原因	
	A.	永遠不會再出現	☐
	B.	一直都會出現	☐
（三）		這個的主要原因	
	A.	只會影響同類事情或情況	☐
	B.	會影響我生活中的所有方面	☐

解說：

如果以上三條問題你大部分或全部的選擇都是 A，那麼即使你會因這件事而感到沮喪和不開心，其中的負面情緒應該不會太強烈或持久；但是如果你的選擇全都是 B，那麼你的無力感應該很強，因為你是以「悲觀的歸因方式 (Pessimistic Attributional Style)」來解讀這件事發生的原因：自己的錯 (Internal)、持久的 (Stable)、多方面的 (Global) (Seligman，2006)。

三・應對方法

在前述的自測中，我們認識到若一個人以「悲觀的歸因方式」來解釋每一件令他沮喪不快的事情，那麼他一定會感到非常「無助」和無力，甚至有「習得性無助感」。因為這些人會認為，人生在世都是「肉隨砧板上」，沒有甚麼可以靠自己改變，只能被動地等待一次又一次的不幸降臨 (Seligman，2006)。然而，「無助」和「歸因方式」都是我們對發生事情的主觀感受和理解，既然是主觀的，那就代表我們是可控制和改變自己的想法，從而減輕無助感。台灣心理學家作家劉軒在他所寫的《大腦衝浪：你只需要一點心理學，衝破人生僵局！》(2018) 中提出了一些方法，可以幫助我們改變自己的心態，培養「樂觀的歸因方式 (Optimistic Attributional Style)」，應對任何挫折帶來的無助感。其中提到的「ABC 論述法」，值得我們參考和嘗試一下：

首先，我們可將令自己感到沮喪或無助的事情（例如剛才在自測中寫下的事情）分為 ABC 三個部分。例如，假設有兩個人，一個是「悲觀者」，另一個是「樂觀者」，他們都遭遇了一次求職失敗：

ABC 三部分	悲觀者	樂觀者
Adversity 所遭遇到的挫折、挑戰、不如意的事情	求職失敗	
Belief 對 A 的信念、自我概念和心態	悲觀的歸因方式： ・個人的 ・持久的 ・多方面的 「自我對話」： ・「為何我這麼無用！」 ・「無論我怎麼努力都沒用，我注定是個失敗者！」 ・「我在任何方面都不夠與別人競爭……」	樂觀的歸因方式： ・外界的 ・一時性 ・單方面的 「自我對話」： ・「可惜，這次沒有獲聘機會！」 ・「競爭激烈自然機會渺茫，下次再試還有機會！」 ・「這次我對這份工作還不夠熟悉，再研究一下求職攻略吧！」
Consequence 因 B 而採取的行動和後果	感到無助，覺得自己無能，跟家人大吵一場。	屢敗屢戰，做了更好的準備，積極面對。

從上述例子可以看到，這兩個人都是受到了相同的挫折（A），為何他們的感受和反應（C）會那麼不同？差別在哪裏呢？其實關鍵在於 B（信念 Belief）。「樂觀者」也許跟「悲觀者」一樣，遇到難題和挫折時也

會感到沮喪；但是樂觀的人大多會認為這樣的挫折只是暫時的，也相信這種狀況的成因不可能只有個人原因。有時候，某些挫折可能有其他外在成因，並且是可以被改變的。這樣的信念和歸因方式有助於「樂觀者」調整自我情緒和心態，冷靜地分析問題，從而作出合適的決定。

因此，當你發現自己感到十分沮喪和無助時，除了可以運用其他單元所提及的情緒紓緩方法，如靜觀呼吸法，你也可以運用這「ABC 論述法」來認識生活中的不如意，並嘗試改變自己的歸因方式。

四・為甚麼有這個情緒出現？

當我們面對生活的變故和問題時，我們通常會採取應對或逃避 (Fight or flight) 的策略。如果那個危機是前所未有的，或者看似無法解決時，我們可能會感到無助和退縮，這是一種正常的心理反應。可是，當我們像條件反射一般去預期自己將會遭受痛苦，覺得自己無法掌握前路、無能為力時，就會產生「習得性無助感」(Seligman，2006)。正向心理學家 Martin Seligman 在過去 30 多年的研究發現，這種「習得性無助感」不僅存在於人類身上，也可以在動物身上觀察到，但並非所有人類和動物在面對失敗時都會感到無助。Seligman 發現一個人是否會有「習得性無助感」，關鍵在於這個人的「歸因方式」：當一個人遇到挫折時，這個人會從何種角度去解釋自己的失敗。Seligman 將其歸納成三種角度，並以「3P」命名：個人的 (Personal)、普遍的 (Pervasive) 與持久的 (Permanent)，即上文提到的「悲觀的歸因方式」。

多項研究指出，不論成人還是兒童，傾向用「3P」或「悲觀的歸因方式」來理解自身挫折的人都較容易出現抑鬱症的症狀 (Barnhill & Myles，2001；Klein, Fencil-Morse & Seligman，1976；Seligman 等，1984)。相較一般人，他們大多自尊心低落、行事態度消極、容易在挫折中感到無力和想放棄 (Freeman-Longo & Bays，2000)，所以就算事情有轉機，有「習得性無助感」的人們會不願行動或反抗；因為他們認定沒有贏的機會，「還沒打就認輸」了。這樣的消極應對帶來的後果就只有更多的失敗，而這些失敗經驗又會強化他們「無論我幾努力，我都無法改變現狀或未來」的信念，最終陷入「自我實現預言 (Self-fulfilling Prophecy)」的惡性循環。

五・有甚麼可預防和注意？

歸根究底，我們會感到無助，是由於我們發現自己所付出的努力得不到理想的回報。

儘管人無千日好，花無百日紅，但同時失敗和挫折也只是暫時的處境和感受，是有可能改變的。Seligman(2006) 從研究「習得性無助感」中發現，發現樂觀的心態，也是可以學習得來的，即所謂的「習得性樂觀 (Learned Optimism)」。有「習得性樂觀」的人們傾向運用「樂觀的歸因方式」去看待事情，就算面對挫敗也不會輕言放棄。「樂觀的歸因方式」並不代表甚麼都只看「正面」而忽略了「負面」，而是嘗試把事情看得闊一點，考慮不同方面的成因。這樣的「歸因方式」能幫助我們尋找當中可以改變或接受的地方，從而避免挫折感或無助感擊垮。

除了培養「樂觀的歸因方式」外，我們還可以在日常生活中，嘗試完成一些自己擅長的事情（陳慕妤，2019）。事實上，大多數人並非對所有事情都感到無助，通常都只限於某個或某幾個特定的領域（例如：數學成績不好，就會覺得自己不是讀理科的材料）。當我們意識到自己狀態不佳或感到無力，這時並不適宜再去挑戰自己不擅長的事情，因為這時我們容易做錯決定，增加失敗和無助感的機會。相反，如果我們從自己擅長的事情入手，往往會較容易成功，從而增強「自我效能感（Self-efficacy）」和對事物的掌控感。而且這種「自我效能感」是可以擴展到生活中其他領域，使我們在面對各樣挑戰，甚或在面對似乎毫無頭緒的事情時，都能保持積極樂觀。

也許你正經歷着挫折，或者過去的經驗讓你覺得，好事永遠不會發生在自己身上，但無論前路看似多麼的曲折艱難，請你仍要相信：你的生命充滿着無限的可能性！只要你願意相信，這種信念將幫助你再次站起來，從「習得性無助感」的陰影中一步步走出來。最後，筆者想與大家分享一篇很著名的禱文，來自美國神學家 Reinhold Niebuhr 博士的《寧靜禱文》（The Serenity Prayer），希望能給大家一些鼓勵！

神啊，請賜我寧靜的心，去接受我無法改變的事；
請賜我勇氣，去改變我能改變的事；
請賜我智慧，以分辨二者的不同。

God, grant me the serenity to accept the things I cannot change,
The courage to change the things I can,
And the wisdom to know the difference.

六·應用例子

家庭層面

作為家長，我們經常會遇到孩子表現出無助的情況。然而，我們不應該過度焦慮或替孩子包辦一切，這樣只會讓他們養成依賴的習慣。相反，我們可以透過進行訓練的方式，花時間來幫助他們建立自信和獨立性（McCready，2016），從而克服「習得性無助感」。例如，當你的六歲女兒在早上表示難以自己梳洗時，不要馬上幫她做，而是給予她指導和訓練。告訴她，你們將一起練習刷牙和梳頭，並給予她機會實際操作。這不僅可以培養她的自理能力，還能提升她的自信心。重要的是，保持積極的態度，避免批評或負面評價。同時，着重表揚孩子的努力，而不僅僅關注結果。這將有助於孩子建立內在的動機，並養成積極的心態。通過這樣的訓練和鼓勵，孩子將逐漸學會面對困難，並克服無助的情緒。

學校層面

在學校裡，學生常因成績表現不佳或行為問題而感到無助。尤其是那些屢次在學業上失敗的學生，更容易陷入「習得性無助感」。由於學業挫折的重重打擊，學生開始懷疑自己的能力，認為無法克服學習困難，進而減少努力。其中一個有效策略是透過提問（Questioning）來引發學生的「成長型思維模式（Growth mindset）」，從而促進學習（Brock & Hundley，2022）。相比封閉式問題，使用開放式問題的方式可以避免僅有對與錯的答案。當學生犯錯時，你可以要求他們解釋答案的來

源，有時仔細思考會揭示錯誤。另外，你也可以問一些引導性問題，例如「你在這次測驗中不合格，你學到了些甚麼？」、「下次你還可以嘗試怎樣做呢？」等。透過提問，可以讓學生更積極地參與自己的學習，從而改善他們的學業表現和自信心。

職場層面

在職場中，員工可能因長期處於無法控制的負面刺激下而產生「習得性無助感」，如慣性的毒性行為、高壓的工作環境和不切實際的期望。為了挑戰這種無助情緒並改變思維模式，我們可以學習 Seligman（2006）提出的「習得性樂觀」。例如，透過日記寫作（Journaling），我們可以識別並記錄負面思維和行為模式，並為自己提供重新審視的機會。進行這個練習時，你只需要一支筆和一張紙：記錄你的 ABC（逆境、信念、後果）；透過一連串問題來質疑你所發現的信念；在（虛構的）對話中捍衛自己免受這些限制性信念的影響。另一個有效的工具是設定明確的目標，採用 SMART 方法 — 具體 (Specific)、可衡量 (Measurable)、可達成 (Achievable)、相關 (Relevant) 和及時 (Timely) — 幫助我們制定實現可能的目標，從而重拾動力。此外，重新獲得對職業生活的控制感也有助於克服無助感和無所作為的情緒。通過這樣的練習，我們可以專注於我們能夠掌控的事物，包括我們對所發生事情的歸因方式、以及所帶來的情緒。

參考資料：

Barnhill, G. P., & Myles, B. S. (2001). Attributional style and depression in adolescents with Asperger syndrome. *Journal of Positive Behavior Interventions, 3*(3), 175-182.

Brock, A., & Hundley, H. (2022). *The growth mindset coach: a teacher's month-by-month handbook for empowering students to achieve.* Ulysses Press.

Freeman-Longo, R., & Bays, L. (2000). *Who am I and why am I in treatment?* Russell House Publishing.

Klein, D. C., Fencil-Morse, E., & Seligman, M. E. (1976). Learned helplessness, depression, and the attribution of failure. *Journal of personality and social psychology, 33*(5), 508-516.

Peterson, C., Maier, S. F., & Seligman, M. E. P. (1995). *Learned helplessness: A theory for the age of personal control.* Oxford University Press

Seligman, M. E. (2006). *Learned optimism: How to change your mind and your life.* Vintage.

Seligman, M. E., Kaslow, N. J., Alloy, L. B., Peterson, C., Tanenbaum, R. L., & Abramson, L. Y. (1984). Attributional style and depressive symptoms among children. *Journal of abnormal psychology, 93*(2), 235-238.

陳慕妤（2019）。《戒了吧！低品質勤奮：為甚麼馬雲說勤奮的人不會成功？給你提升關鍵優勢的方法，打破進階瓶頸》。大是文化有限公司。

劉軒（2018）。《大腦衝浪：你只需要一點心理學，衝破人生僵局！》。三采文化出版事業有限公司。

悶 / 無聊

一·悶 / 無聊的特徵

回顧 2020 年初疫症蔓延全球，威脅人類健康與福祉，隔離和減少接觸成了全球避免快速傳播的方法，停課、在家工作、減少群眾活動，娛樂場所、健身中心、戲院一律暫時關閉，回歸恬靜數月，當時卻有不少人抱怨說長期在家很悶、很無聊。感覺主觀時間變慢、無所事事、專注困難、不耐煩、坐立不安、枯燥乏味和了無生趣，都是悶和無聊感覺的延伸。為擺脫沉悶與無聊，我們大概會做點事情。感覺無聊 (Boredom) 是我們對外界刺激的一種感受。過度暴露在刺激中會引起焦慮，但過分沉悶或欠缺外間刺激亦會影響個人情緒和工作表現。McGill University 研究團隊在 1961 年公佈一項關於感覺剝奪的實驗 (Vernon 等 ，1961)，研究員把參加者置於一個沒有任個外部刺激的環境，探索其身心變化。結果發現，在感覺剝奪的 24 個小時開始會出現頭腦不清晰，48 個小時後難以集中，甚至有幻覺。全部的參加者都認為該次體驗是非常厭惡的。

二・自測

雖然悶是我們對環境刺激的一種感受，可以說是環境引發的一種心理狀態。但每人對同一環境，也可感到不同程度的悶。所以悶這感覺也是很個人的，也可以說和我們的性格特徵有關。如果有興趣知道你是否容易感到悶，可以採用以下的心理測驗測試一下：

	是	否
1. 我很容易專注於工作或活動中		
2. 有時我會在工作時憂慮其他的事情		
3. 我感覺時間像是過得很慢		
4. 我時常發覺自己沒有把事情做妥，但又不知如何繼續做下去		
5. 我發現自己時常糾纏於一些無意義的事情上		

	是	否
6. 看他人的家居影片或旅遊照片使我感到苦悶		
7. 我時常都有想幹的事情和計劃		
8. 我很容易自娛		
9. 我很多時要做些重複性和單調的工作		
10. 我比其他人需要更多刺激才能被推動		
11. 我享受做任何事情		
12. 我很少對工作感到興奮		
13. 在任何環境，我也能找到令我感興趣的事情去做		
14. 很多時我也坐着，沒幹甚麼		
15. 我可以很有耐性地等着		
16. 我發現自己時常無所事事，有很多的時間		
17. 當要排隊或等候時，我會感到不耐煩		
18. 我常醒來帶着新意		
19. 我很難找到一份我認為刺激的工作		
20. 我想在人生中做更多具挑戰性的事情		
21. 我覺得很多時候我也未有盡用我的能力		

	是	否
22. 很多人說我是一個有創意和富幻想力的人		
23. 我有很多興趣，但沒有太多時間做所有的事情		
24. 在朋友中，我是一個能維持做同一事情最長久的人		
25. 除非做一些具刺激性，甚至帶有危險性的事情，否則我會感到半死或呆滯		
26. 我需要很多的變化和多元才能令我感到開心		
27. 電影和電視節目都像是陳腔濫調似的，完全沒有新意		
28. 當我年輕時，我常處於單調和無聊的處境中		

資料來源：Boredom Proneness Scale by Farmer and Sundberg (1986)

第 2、3、4、5、6、9、10、12、14、16、17、19、20、21、25、26、27、28 題答案為「是」的得一分；第 1、7、8、11、13、15、18、22、23、24 題答案為「否」的得一分；得分愈高者愈容易感到沉悶。

三・應對方法：

悶或無聊本身是一個中性的情緒，這感覺可以是一個推動力，誘發我們作新嘗試和發展潛能。牢困在沉悶中，短時間會令人坐立不安，而長期更會消磨對生命的熱情。以下的一些方法可以助你克服這種對無聊感到不安的情況。

從無聊感中認識自己：

無聊的感覺其實反映了我們內在有些潛能未有得到發揮。我們可運用這感覺，引導自己作新的嘗試，發掘自己的潛能和興趣所在。認識自己是一個漫長的過程，而感覺就是這過程中的明燈，像燈塔般引領着我們前行。所以我們要學習相信感覺，對它持開放性的態度，這樣我們的身心才能在過程中茁壯成長。當找到自己喜歡做的事情時，無聊的感覺便會隨之而消失。心理學家 Mihaly Csikszentmihalyi 提出 Flow（高峰體驗／心流）的概念，指出當挑戰和能力都在高水平，我們會產生高峰體驗，一種完全專注在活動、對身體需求的覺察減少、失去自我意識的感覺。找出自己的優點並專注去做，就可達到高峰體驗和擺脫沉悶。

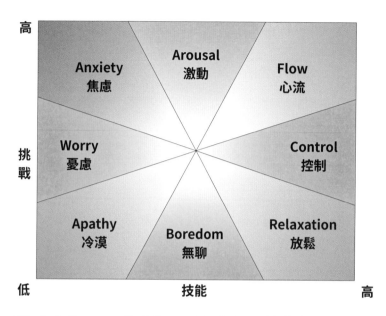

Mihaly Csikszentmihalyi's Model of Flow（高峰體驗 / 心流圖）

擺脫悶的困擾，從想法開始：

有學者認為悶的感覺是社會文明進步催生來的副產品 (Mann，2017)。試想一下古代人日出而作、日入而息的簡單純樸生活方式，每日幹活的人也許不知無聊為何物。現代社會生活節奏急促，五花八門的娛樂使我們眼花繚亂。人彷彿不能給自己一刻時間停下來感受當下。「不能令自己悶」的想法可能才是困擾的源頭。嘗試挑戰一下這想法吧！為甚麼我們不能悶呢？為甚麼我們不能和自己好好地相處一下？我們生活一定要依靠外在刺激的嗎？當我們能放慢腳步，用心去體會一下活在當下的感受，這也可以是平和、安寧、隨心、自在。放下思想的束縛後，我們對悶這種感覺或會有新的體會！

創意可從無聊中衍生：

當感到納悶無聊的時候，很多時我們也會尋找外來刺激來解悶：看電視、電影、玩電子遊戲和朋友茶聚逛街等。其實無聊也可催生出創意，在沉悶的生活中嘗試利用不同方法如寫作、繪畫、做手工等去表達內在的一些想法和感受。這不但可以令自己從作品中了解和欣賞自己，還可以減輕不斷追求外在刺激的需要。

四・為甚麼有這個情緒出現？

悶或無聊是我們內心對外界環境刺激的一種感受。這感覺本身是一種中性的感覺，如果我們懂得與自己和環境相處，悶這種感覺其實也不是甚麼困擾。所以如果悶成為纏繞着你的一種情緒，這可能是與以下的情況有關：

專注力失調：

我們感到悶或無聊亦可能是因為我們未能把專注力投入於事項中。所以患有專注力失調 / 過動症的人士是會特別容易感覺到悶而需要多些外界刺激來解決這情緒困擾。

缺乏自主能力：

當我們相信或感到沒能力爭取到自己想要的東西或想做的事情時，我們會感到被困或被迫，失去了自由似的。當我們有這種想法時，便無法享

受身處的環境，投入去做某些被迫的事情。所以悶的感覺多在年幼或青年期出現，年輕人的規範較成年人為多，而自主能力相對地則較弱。

自我察覺力和目標缺乏：

自我察覺力可以幫助我們認識自己。知道自己的喜好和強弱項時，能讓我們把潛能發揮。當我們能投入地做一些喜歡的事情時，便會感覺時間過得很快，人像是處於另一個空間中。在這忘我的境界裏，悶這感覺是全無立足之地的。所以不能察覺自己的喜好、興趣、強項的人，或者生活不知為甚麼而活的人會容易被悶這感覺困擾。

五・有甚麼可預防和注意？

學習從感覺中認識自己：

古語有云：「知己知彼，百戰不殆」。從心理健康角度看，知己確實可以解決很多情緒困擾的問題。當我們認清自己的的喜好、強弱項、目標、人生角色和價值觀時，我們可以較容易發揮自己的潛能和投入去做自己喜歡的事情。認識自己的強弱項也可鞏固自我形象，因為強項可以為我們增添自信，令我們在面對弱項時勇於克服。而被悶這感覺困擾的人，也可能是因為不知道自己的喜好所在。所以我們要學習從感受中認識自己，每一個感覺也是內心對身邊事物發出的訊號。嘗試多關顧自己的感受，把它成為你做任何決定時的考慮因素之一吧！**（可以參考P.265〈空虛〉感覺中萬成的故事）**

學習靜觀，提升專注力、察覺力和自主能力：

「若無閒事掛心頭，便是人間好時節」，在每一個當下從感受中認識自己，首先要有好的察覺力。長期不重視自己的感受會令我們感應遲鈍，甚至變得麻木（見 P.154〈情感麻木〉）。靜觀本身是一種訓練專注力和察覺力的練習。透過把注意力集中於某點上（如呼吸），我們亦能提升自主能力。箇中的原理是怎樣？因為很多時我們在過程中也會分心，被一些感覺或思想帶走。當我們察覺到這情況的出現並將它暫時放下，不參與在這些思想和感覺中，重新把注意力帶回呼吸裏，這便是一個選擇的過程。就是這些選擇令我們的自主能力得以提升，令我們相信在自己的空間裏，我們是自由的和可作選擇的；至少，我們可以選擇用甚麼的態度去應對外來環境。長期練習靜觀的人能培養出一種對情緒的開放性態度，即不評價、不批判和不參與。這種態度能讓我們成為自己的好伴侶，增強與自己溝通的能力，減少對外界刺激的依賴，令我們在任何情況下也可以悠然自得，自得其樂。

六・應用例子

家庭層面

正如文中的例子所言，我們在家中有時候會感到無所事事，覺得生活無聊，甚至有點枯燥乏味。這時候我們可以集中觀察家中的環境，開始做一些有建設性的事務，首先可以是一般家務，清潔廚廁、整理舊物或執拾房間，重點是讓自己感到滿足和有實在的感覺，打破沉悶。而且在打掃的過程中，有機會找回兒時物品或一些有紀念價值的東西，可藉此好

好回顧，細味當中的感受，見證成長的歷程。另一方面，也可向家人提議籌辦一些家庭活動，不管是親友聚餐、郊外旅行、麻雀耍樂或談天聯誼，每每是難得團聚共融的機會。

學校層面

在學校中，總有些時候我們會感到乏味和沉悶，尤其是在溫習、做功課方面。為了打破這種無聊和沉悶之感，我們可以嘗試尋找並擴展自己的興趣，參加課外活動或不同的團體活動，探索自己的各項潛能。團體活動可以讓我們在學校生活中獲得更多樂趣和連繫。學校是學習群體生活的地方，我們也可以善用一起溫習、研讀的機會，增加與他人互動，讓生活多點色彩和意義。認識新朋友、建立友誼，一起探索知識新領域，更可使我們對學習感到更加有動力。

職場層面

在職場上，我們可能會陷入工作的單調和沉悶中。謹記時刻為自己設定明確的目標和挑戰，探索自己的能力、興趣和工作價值，尋找賺取金錢以外的工作意義。另一外面，提醒自己不要固步自封，嘗試在現有工作中尋找新的任務或主動要求負責新的項目，這樣可以讓我們增加工作的多樣性和刺激感。社會鼓勵我們作終身學習，不管是與工作相關或是自己的個人興趣，持續進修總可提升自己的技能，為將來打開更多的機會和挑戰，讓工作變得更有意義和吸引力。

總而言之，無論是在家庭、學校還是工作環境中，我們都可以通過尋找新的事物、挑戰和興趣來打破沉悶和乏味。這需要我們主動參與和努力，保持開放和積極的態度，令生活添加色彩。

參考資料：

Csikszentmihalyi, M. (1990). *Flow: The Psychology of Optimal Experience.* Harper and Row.

Farmer, R., & Sundberg, N. D. (1986). Boredom proneness: The development and correlates of a new scale. *Journal of Personality Assessment, 50,* 4-17. https://doi.org/10.1207/s15327752jpa5001_2

Felipe, L. & Knight, M. (2010, Jan 1). *Mindfulness: history, technologies, research, applications.* https://allansousa.files.wordpress.com/2009/11/mindfulnessarticleluis.pdf

Franken. (2014). *Human Motivation.* Cengage Learning

Heron, W. (1957). The pathology of boredom, *Scientific American, 196,* 52-56. https://doi.org/10.1038/scientificamerican0157-52

Heshmat, S. (2017, Jan 16). *Eight reasons why we get bored.* Psychology Today. https://www.psychologytoday.com/hk/blog/science-choice/201706/eight-reasons-why-we-get-bored

Mann, S. (2017). *The Upside of Downtime: Why Boredom is Good.* Little, Brown Book Group.

Mercer-Lynn, K. B., Flora, D. B., Fahlman S. A., Eastwood, J. D. (2011). The measurement of boredom: differences between existing self-report scales, *Assessment, 20*(5), 585-596. https://doi.org/10.1177/1073191111408229

Rozzetti, G. (2019). *Why boredom is powerful in your life.* Liberationist. https://liberationist.org/why-boredom-is-so-powerful-in-your-life/

Struk, A. A. Carriere, J. S. A., Cheyne, A. & Danckert, J. (2015). A short boredom proneness scale: development and psychometric properties. *Assessment,* 1-14. https://doi.org/10.1177/1073191115609996

Vernon, J., Marton, T., & Peterson, E. (1961). Sensory deprivation and hallucinations: What conditions of minimal or controlled sensory stimulation favor the generation of hallucinations?. *Science, 133*(3467), 1808-1812.

空虛

一 · 空虛的特徵

「還剩低幾多心跳，

人面跟水晶錶面對照，

連自己亦都分析不了，得到多與少。

也許真的瘋了，那個倒影多麼可笑，

靈魂若變賣了，上鏈也沒心跳！」

有否聽過陳奕迅《陀飛輪》這首歌？歌詞描述了一種對人生昂貴的覺悟：一直以為自己努力奮鬥得到了令人妒忌的奢華生活和物質所需，最終以為可以令自己滿足之際，卻發現原來一直花了很多時間去追逐一些不能讓自己心靈得到滿足的東西上。內心感到迷惘，好像再沒時間和力氣去追求些甚麼了。人活着就像是變賣了靈魂似的，像一個上鏈也沒心跳的機芯一樣。而空虛就是這種心靈上的孤寂、絕望、內心得不到滿足的感覺。

空虛確實是令人難受，彷彿不知道活着是為了甚麼，人生像是失去了意義似的。為了逃避這種感覺，我們可能會寄情工作、瘋狂購物、暴飲暴食、沉迷打機、嚴重的甚至濫藥成癮。空虛的感覺可以像黑洞般吞噬着我們整個人，可是如果我們能認真地了解和認識它，這種感覺其實是內心對我們做人的一種提醒。別讓空虛吞噬我們，成為人生中最昂貴的領悟，我們有必要去認識和了解這情緒的成因和處理方法。

以下是空虛感的一些表徵：
- 害怕被遺棄
- 感覺缺乏人生意義
- 感到內心空洞
- 感受不到快樂和滿足
- 用成癮行為而逃避空虛感
- 感到苦悶和鬱結

二 · 自測

情緒小測驗，我會否感到空虛？

	是	否
1. 我會借酒消愁		
2. 每做人生決定時，我也會關顧自己的需要和感受		
3. 我專注工作去逃避思考人生問題		
4. 有時我對自己感到陌生		
5. 我不太了解自己的喜好		
6. 生命的意義是由自己決定的		
7. 沒有人比我更認識自己		
8. 就算身邊有很多朋友，我仍感到孤單寂寞		
9. 我沒有甚麼興趣		
10. 我身邊沒有人可以交心		

第 1、3、4、5、8、9、10 題答案為「是」的得一分；第 2、6、7 題答案為「否」的得一分；分數愈高，愈容易感到空虛。

三 · 應對方法：

承認和接受自己的感受：

承認和接受自己的感覺往往是有效處理情緒的第一步。因為只有確認和接受，我們才能開放自己的思維去探索甚麼才是最適合自己處理情緒的

方法。長期抑壓和否定自己的感受就像是埋藏着真正的自己一樣，而空虛感的出現可能正是內心對你的這些行為提出了警示。

建立興趣，作新嘗試：

當感到空虛時，很多人也會寄情於工作以減輕空虛感的困擾。可是當工作完畢可以停下來的時候，那種感覺又會重複湧現。的確，把注意力轉移到其他事情上可以減輕負面情緒的困擾，可是如果忙碌過後，空虛感顯得更強烈的話，這証明了工作並非是可以紓緩這情緒的方法。由於空虛感是與心靈上得不到滿足有關，建議可嘗試新的興趣和活動。隨心而行，任何一些不傷害自己身體的活動也可以嘗試參與，你或會有奇妙的發現。

花時間認識自己：

空虛感的出現或與自我認同有關。經常與別人比較會令自己感到不足，對自己缺乏了解會容易使人迷失，嚴重的甚至會產生人生沒有意義的想法。嘗試花點時間認識自己。還記得小學或中學時代寫紀念冊的情況嗎？可以嘗試跟着紀念冊的藍本寫下自己的性格、喜好、興趣、強弱項、喜愛的和討厭的人和事、在生活中的不同角色等。這些資料可讓你更了解自己，或可讓你知道空虛的源頭。

分享感受：

在情緒低落的時候，找朋友傾訴確實可以紓緩一些不安的情緒，但我們也要當心傾訴的對象。如果發現朋友經常提意見或對你的感覺作出評

價，這傾訴對象便無助你減輕空虛的感覺。空虛感或反映出你一直沒有照顧自己的想法或感受；所以當它來襲時，一位好的聆聽者才能誘發你的思考和讓你放膽地表達你的感受。如身邊缺乏這樣的朋友，找一位專業人士傾訴也是一個很好的選項。

四・為甚麼有這個情緒出現？

為甚麼我們會感到空虛？換一個角度去問：為甚麼我們感受不到心靈上的滿足？要解答這問題，便先要問一下自己，有甚麼東西可以使我們心靈滿足？餓了，我們會吃東西來填飽肚子。渴了，我們會喝水來滋潤乾喉。可是心靈上的缺失，並不是像滿足一些生命上的基本所需般那樣簡單、容易和直接，而是要靠我們細心地了解和眷顧自己的感受才能成事。

空虛感或會出現於生活上的一些改變後，如失戀、轉工、失去至親等。也有些情況是當自己得到一直認為重要的東西後，卻發現仍然未能得到心靈上的滿足。空虛感的出現是內心對現實生活的一種感受，反映出心靈需要得不到滿足的一種感覺。所以當空虛感出現時，代表着我要好好與自己的內心溝通一下，反思自己有否時常關顧自身的感受和真正的需要。

五・有甚麼可預防和注意？

適當的處理空虛感能令我們得到領悟。如果不想這領悟像《陀飛輪》歌

詞中的那般昂貴，我們便要及早學懂認識自己，接受自己的感受，和做一個真正的自己。以下是一位移民美國的港人故事，它可帶給你一些啟發。

「追求夢想的人是失敗者，做自己所愛的事最終會成為露宿者！」這是歐陽萬成 (Jimmy O Yang) 的父親從小對他灌輸的想法。歐陽萬成是一位美籍演員、棟篤笑表演者和作家，十三歲隨家人從香港移民到美國後，他從美國文化中學到的卻是「金錢不能買到快樂，該追求你所愛的。」這樣的兩套對生命價值截然不同的看法，一直在萬成的腦海中佔一席位。

剛開始在美國上學的時候，萬成發現在香港所學的英語，不足以令他和其他同學溝通。得知自己的不足，萬成花了很多時間在電視節目上學習地道的英語，亦漸漸發現自己對 Rap 的音樂和表現文化產生濃厚的興趣。而他的父母則和傳統移民家庭的父母一樣，希望萬成能夠成為醫生、律師或其他專業人士。父親甚至在萬成大學畢業後安排了他在一所知名的金融機構當見習生。究竟人生是應該追求一些自己想要的，還是做一些別人覺得應該的事呢 (O Yang，2018)？

「當我能接受自己的心聲和忠於自己，我便能更有效用。」
"I am more effective when I can listen acceptantly to myself, and can be myself" (Roger. 2004. p.17)

在萬成的自傳 How to American 中，不難發現他對自己很了解。他知道自己的強項如拉小提琴、打乒乓球和數學等。當懷疑自己時，他的強

項便成為了他自我肯定的一股力量，讓他繼續向前行。而面對自己的弱項（英語）時，他則設法學習和改善。最終，他不只能運用英語流暢地和同學溝通，還成為了夜店的音樂主持和美式棟篤笑表演者。他清楚知道自己的喜好，設法去平衡自己的興趣和大學的課程，盡量滿足自己的需要和家人對他的期望。縱然知道自己不喜歡大學所選的科目和爸爸為他安排的實習工作，但為了不讓自己辜負父母的期望，他選擇順從。所以接受自己的心聲並不是每事以自己的喜惡先行。而是在你做決定時，能獲得更全面的考慮因素。

「人不應問甚麼是他的人生意義，因為只有他才對這問題有答案。」
"Man should not ask what the meaning of his life is, but rather he must recognize that it is he who is asked." (Frankl. 2006, p.109)

就在當見習生時，萬成發現自己糾纏於爸爸的露宿者論和自己的美國夢中。他知道追求自己的夢想是要冒險的，最終可能如爸爸所說的要露宿街頭。惟獨是聽從父母的說話，他所承受的風險和責任便輕了，因為父母的決定永遠是「正確」的。但他實在也承受不了實習時每天行屍走肉般的生活。他體會到人生若沒有了夢想，活着像是失去了靈魂似的，那麼生命的意義又是甚麼呢？

「當知道為何而活，人便能承受生命中的磨難。」
"Those who have a "why" to live, can bear with almost any "how." (Frankl. 2006, p.80)

在不斷的探索和建立自己的過程中，萬成發展出個人觀點和對生活的態度。當中他經歷了失敗的痛楚、不確定的焦慮、不眠不休的辛酸、令父母失望的愧疚、初次表演的緊張、低收入甚至無收入的苦惱。這些複雜和強烈的感覺並沒有把他打倒，因為與此同時他也嘗到了成功爭取的喜悅、表演過程中的忘我、與志同道合者交流的暢快和父母最終支持他的欣慰。萬成從感覺中探索自己的人生方向，在未取得世人認可的成就時，他已經成功地活出了真我。萬成在實現自己的夢想過程中嘗盡了喜怒哀樂、人情冷暖，唯一缺席的便是空虛這感覺；因為他每天也活得充實，目標明確。

六 · 應用例子

家庭層面

從以上歐陽萬成的故事當中，可以與家人保持真誠的溝通，分享彼此的心情和想法是何等的重要。沉悶和空虛感其實略有不同，前者可以透過定期安排家庭活動，增加家庭成員之間的連結和互動來解悶。後者則是有關彼此間的期望和體諒，再多的活動，也填補不了那份空虛感。故此，家庭相處之間需要建立默契和坦白，容許對方有犯錯的機會，接納彼此道歉，學懂互勵互勉。在成長的歷程中，適時互相幫助，無論是處理家務、照顧長者、陪伴兄弟姐妹一起學習，增加自己對家庭的貢獻感和歸屬感，令家庭生活不再感到空虛。

學校層面

在成長當中出現的空虛感，也許是出自內心的自卑或孤獨感，覺得自己做甚麼也比不上其他人，最後只好剩下自己一人。縱然已經參與許多學校的各種團體活動，結識到不同朋友，但回家後總覺得自己感到空虛。這時候需要提醒自己，這些感覺其實也常在青少年時間出現，反而我們可以善用自己一個人獨處的時間，思考一下自己的優勢、強項與身分價值，真誠相信人各有志，不必盲目比較。求學時期認識到的志同道合，絕對有機會成為你一輩子的好友，好好珍惜這份友誼，互相支持，打破這份空虛感。

職場層面

所謂「聞道有先後，術業有專攻」，每個人的學習步伐、對工作的價值和意義各有不同，不必過份隨波逐流，輕易看不起自己的工作。保持工作與生活的平衡，在努力建立專業技術的同時，不忘善待自己，有足夠休閒娛樂的機會，愛惜身心健康。成就不一定與金錢或名利掛鉤，有些人可能「窮得只有錢」，財富滿足卻心靈空虛。如果情況許可，多點發掘自己的工餘興趣，甚至多參與一些義務慈善工作，增加生活的充實感和意義感。

好好記住，在生活的各個層面，其實都不止自己面對着不同的負面情緒，每個人也有自己的高山低谷，一點都不容易。生命的樂趣不在於沒有痛苦，而是在於我們在困惑當中，提醒自己辦法總比困難多，困局總有出路，身邊不乏支持自己的人！

參考資料：

Frank, V. E. (2006). *Man's Search for Meaning.* Beacon Press

Lancer D. (2019). Perspectives on emptiness. *Psychology and Behavioral Science International Journal, 12* (4), 555844. DOI: 10.19080/PBSIJ.2019.12.555844

Luna, A. (2012). *Feeling empty: 5 ways to heal your inner void.* Lonerwolf. https://lonerwolf.com/feeling-empty/

O Yang, J. (2018). *How to American.* Da Capo Press

Peteet, J. R. (2011). Approaching emptiness: Subjective, objective and existential dimensions, *Journal of Religion and Health, 50,* 558–563. https://doi.org/10.1007/s10943-010-9443-7

Rogers, C. R. (2004). *On becoming a person.* Little Brown Book Group

本章總結：

被困惑家族所困擾的朋友，可以：

· 建立人生目標，鞭辟入裏。

· 避免負面思維，以多角度分析，尋找可能性。

· 學習感恩、助人、分享，保持身心靈健康。

作者名單

內容統籌：方婷、郭倩衡

各章節作者名單：

「情緒」的第一課　　　郭倩衡

焦慮家族

焦慮................黃麒錄
恐懼................方婷
強迫................余鎮洋
羞怯................李卓敏
緊張................劉軒朗
沒有安全感.....吳加垚

抑鬱家族

抑鬱................余鎮洋
沮喪................李卓敏
悲傷................黃麒錄
孤寂感.............陳秋媛
情感麻木.........馮靜雯、郭倩衡

憤怒家族

憤怒................方婷
憎恨................余鎮洋
矛盾................陳秋媛
內疚................吳加垚

困惑家族

沒有希望感......吳加垚
失望................李卓敏
無助................黃麒錄
悶 / 無聊.........馮靜雯、郭倩衡
空虛................馮靜雯、郭倩衡

做自己的情緒管理師

20 個負面情緒管理法

增訂版

著者
香港心理學會 輔導心理學部

責任編輯
譚麗琴、周嘉晴

裝幀設計
吳廣德

排版
劉葉青、羅美齡、辛紅梅

出版者
萬里機構出版有限公司
香港北角英皇道499號北角工業大廈20樓
電話：2564 7511
傳真：2565 5539
電郵：info@wanlibk.com
網址：http://www.wanlibk.com
　　　http://www.facebook.com/wanlibk

發行者
香港聯合書刊物流有限公司
香港荃灣德士古道220-248號荃灣工業中心16樓
電話：2150 2100
傳真：2407 3062
網址：http://www.suplogistics.com.hk

承印者
中華商務彩色印刷有限公司
香港新界大埔汀麗路36號

規格
32開（213mm×150mm）

出版日期
二〇二〇年七月第一次印刷（初版）
二〇二四年三月第一次印刷（增訂版）